やってみよう！
おむつなし育児

西山由紀 [著者]
三砂ちづる [序文]

柏書房

序　文

　10代のころから民族衣装が好きだった。タイのパートゥン、インドネシアのサロン、パキスタンのサルワカミーズ、インドのサリー、ザンビアのチテンゲ、韓国のチマ・チョゴリ…。どれも気に入っていた。きものは他の国の民族衣装より敷居が高かったが40代半ばからとうとう"ほぼ毎日きものぐらし"、に突入。すでに8年目となる私は、民族衣装フリークと呼ばれても本望である。

　西山さんの実践にもとづいたおむつなし育児の本はめっぽうおもしろい。一番最初に彼女が自分で和とじの本にしてつくっておられたころから、大好きだった。あらためて読み直すと、西山さんが工夫してつくっている「おむつなし衣装」のあれこれのくだりが圧巻である。

　どの衣装もどこか既視感がある。これはどこかでみたような。どこかの街角をおもいださせるような、…。そうだ、これは全部、どこかの国の民族衣装に似ているのである。きものをはじめとする、腰巻スタイル、すなわち、布をからだに巻きつける形の衣装も、ゆったりしたズボンも、腰まで隠れるスカートも…。なんだかとてもなつかしい。赤ちゃんの排

泄に気持ちを向けて、できるだけ、幼い人がお尻に排泄物をくっつけて時間をすごすことなどないように、おかあさんがさっと排泄の手助けをしてあげられるように、と考えて、手作りしていくと、それはどこかの国の民族衣装に似てくる。

　民族衣装、とは、すべて、「排泄フレンドリー」な衣装だったのである。オシッコしやすい、ウンチしやすい。時間をかけずにさっと排泄できる。股に布の密着するような下着はつけず、すそをちょっとめくれば、排泄できる。しゃがめば、ふんわりと布に隠れ、めだたずに排泄できる。ズボンを脱いで、パンツを脱いで、おしりまるだしで、どっこいしょ、と腰を下ろさなければ排泄ができない「洋服」は排泄フレンドリーとはいえない。この本は、「赤ちゃんになるべくおむつをつけないで育てる」こと以上に、民俗学的考察を喚起し、また、排泄に手間取る高齢者にも、一筋の光を投げかけるようなものになっている。

　お楽しみください。

三砂ちづる

はじめに

　私が「おむつなし育児」という言葉をはじめて目にしたのは、二人目の赤ちゃんを妊娠しているときでした。自然育児友の会の会報をみて、『昔の女性はできていた』などの著者である三砂ちづる先生の研究チームが主宰する「おむつなしクラブ」に応募したのです。
　はじめは「まさか、赤ちゃんにおむつをしないで育てられるわけがない」と思いました。実際、当時３歳になる長男は、布おむつをつけていましたが、まったくはずれる気配もありませんでした。というより、私のほうにはずす勇気がなくおむつを使い続けていたのです。
　でも、このままいくと、二人分のおむつを洗濯しなければならなくなります。布おむつなら早く自然にはずれると聞いていたのに、話がちがう。
　「この子はいつまでおむつをしているのだろう。次に生まれる赤ちゃんもこんなに長くおむつをしていなければならないのか」と重い気持ちになっていました。紙おむつを使うと、大量に出るゴミに罪悪感を持ちます。もし、赤ちゃんのおむつが早くはずれるなら、やってみようかなという軽い気持ちで始めてみることにしたのです。
　次男を出産後、「おむつなしクラブ」のメーリングリストで、首のすわらない赤ちゃんがトイレで母親に支えられ、「しーしー」という合図とともに、オシッコをしている映像が送られてきました。驚いて翌朝さっそく真似をしてみました。寝起きに半信半疑でさせてみたところ、生後１ヶ月の次男がトイレでオシッコとウンチをしたのです。感動で

す。こんなに小さな赤ちゃんがトイレでできるなんて！

　その日から、毎日おまるやトイレでさせるのが楽しくなりました。オシッコやウンチをした後、次男は、ほぅーっとした、何ともいえないうれしそうな表情を見せました。０歳の赤ちゃんがおまるやトイレでシャー、ブリブリ…と勢いよく、それは気持ちよさそうに排泄するのです。その様子は何度見ても感激しました。それだけで一日中しあわせな気持ちになれたのです。

　たかがオシッコやウンチですが、深い喜びがあります。ことばを話す前の赤ちゃんと深いところでつながっている感覚が味わえるのです。たとえば、モゾモゾと動きだし、何か声を発するので、オシッコかなと思い、おまるにさせてみるとオシッコをして、満足そうな顔をしたとき、赤ちゃんの気持ちをわかってあげられたようでうれしくなります。

　赤ちゃんも、ママが自分に気持ちを向けてくれることで満たされているのか、いつもご機嫌で不必要に泣くことがありません。深いところで通じ合い、言葉にならないコミュニケーションがとれるようになると、「この子のことは大丈夫」と、何やら自信や勇気が湧いてきます。赤ちゃんをよく見ることで、赤ちゃんがいろいろなことを教えてくれていることに気づいたのです。いつも赤ちゃんをそばにおいて抱っこやおんぶしながら排泄サインをよみとろうと努力するうちに、「そろそろ出るかな」というのがなんとなくわかるようになりました。いつのまにか母親としての動物的な直感が磨かれていったようです。

この身体の奥から湧き起こるような自信は、私の場合、子どものひどいアレルギーを乗り越えるのに役立ちました。次男はアレルギーの湿疹がひどく、生後２週間から発疹しはじめました。長男もひどかったので、数年前から食事にはずいぶんと気を配り、なるべく添加物の少ない和食に転向していました。
　それでも次男には、もっと強烈なアレルギーが出たのです。毎日かゆがって、湿疹から出る浸出液や血液で皮膚や服がベトベトになり、外に出ると会う人ごとに「かわいそう」といわれ、怖くて外にも出られません。専門家からは私の食事が原因だといわれ、まともなおっぱいもあげられないのかと、おっぱいをちぎってしまいたくもなりました。
　でも、そんなとき、おまるでシャーッと気持ちよさそうに排泄し、にっこり笑う次男の姿を見て、「この子はかわいそうじゃない。ちゃんと自分の排泄がわかっておまるでできる。なんて賢い赤ちゃんだろう」と思えたのです。それに、「私は、赤ちゃんのオシッコをわかってあげられるすごいママかもしれない…」と自信も取り戻せたのです。

　おむつなし育児とはいっても、まったくおむつをはずしておくということではなく、おむつも必要に応じて使い、なるべく、おむつ以外の場所でさせるようにします。オシッコやウンチをすることは気持ちいい、という感覚を味わってもらうのです。目的はおむつを早くはずすことではありません。大切なのは、赤ちゃんをわかってあげようという姿勢を持つことです。赤ちゃんがしてほしいことを理解し、満た

してあげようとすることは、そのすべてを受けとめ、一人の人間として尊重することになるでしょう。

　今は多くの人が紙おむつを使い、赤ちゃんをよく見なくなってしまっています。紙おむつの性能がよくなればなるほど、赤ちゃんは長時間放っておかれます。赤ちゃんは、ママに注意を向けてもらえないと不安になり、泣くことが多くなります。ママは赤ちゃんがどうして泣くのかわからず、悪循環に陥ってしまいます。

　でも、おむつなし育児をすると、赤ちゃんをよく見るようになります。たいへんになるのでは、と思う人がいるかもしれませんが、トイレやおまるでしてくれたほうが後始末は格段に楽ですし、何より、子育てがもっと楽しく豊かなものになります。赤ちゃんの気持ちを大切にしながら、ていねいに日々を積み重ねる喜びは、便利さをはるかに上回ります。

　2008年に私がおむつなし育児を始めたときは、まわりに実践している人がなく、どうしたらいいんだろう、と途方に暮れることもありました。そこで、これからおむつなし育児を始めてみようという方々に、私のおむつなし育児の体験が少しでも参考になればと思い、本書を記すことにしました。赤ちゃんとママの組み合わせは千差万別ですが、一つの例としてヒントにしていただければ幸いです。おむつなし育児を通して、赤ちゃんと過ごす時間を楽しむママたちが増えることを願っています。

西山由紀

目　次

序文　三砂ちづる ……………………………………………… 2

はじめに ………………………………………………………… 4

1章　「おむつなし育児」って何？

赤ちゃんとママの理想のコミュニケーション …………… 16
昔は当たり前だったおむつなし育児 ……………………… 17
おむつなし育児のいいところ ……………………………… 19
　　赤ちゃんをよく見るようになる ……………………… 20
　　赤ちゃんの排泄の自立が早くなる …………………… 20
　　エコな暮らしができる ………………………………… 21
　　家族みんなで育児ができる …………………………… 21
おむつなし育児のたいへんなところ ……………………… 24
　　床に粗相したとき ……………………………………… 24
　　服にウンチがついたとき ……………………………… 25
　　布おむつを洗うときは？とくに柔らかいウンチが出たとき … 25
　　頻尿のとき ……………………………………………… 27
　　「おまる・いやいや期」のとき ……………………… 27

　コラム　わが家のおむつなし育児 ……………………… 29

2章　おむつなし育児実践！やってみましょう

どうやってさせる？〜ポジション〜 ……………………… 34
　　トイレの場合 …………………………………………… 34
　　おまるの場合 …………………………………………… 36
　　トイレで、どうやって紙を取る？ …………………… 37
　　どうやって、おしりを拭く？ ………………………… 38
　　「おしり拭き」のこと ………………………………… 38
　　「授乳おまる」（授乳しながらおまるでさせる） …… 41

いつからさせる？いつさせる？〜タイミング、サイン〜 … 42
- いつからさせたらいい？ … 42
- 排泄のタイミングはいつ？ … 42
- 排泄のサインを見つける … 44
- いつも見てなくちゃならないの？ … 44
- イライラしたときどうする？ … 45

どこでさせる？ … 46
- トイレでさせる … 46
- おまるでさせる … 47
- おむつの上でさせる … 48
- 洗面台でさせる … 49
- お風呂場でさせる … 50
- 庭でさせる … 50
- 野原でさせる … 51
- 床にしてしまうとき … 51

夜のおむつなし育児 … 52
- 誕生〜生後5ヶ月の夜 … 52
- 生後5ヶ月〜13ヶ月の夜 … 54
- 生後13ヶ月以降の夜 … 54
- 夜の工夫〜敷物と服装〜 … 55

冬の暖房とおむつなし育児 … 58

外出中のおむつなし育児 … 59
- 知人宅へ行くとき … 59
- 実家へ出かけるとき … 60
- 室内の育児サークルへ出かけるとき … 60
- レストランへ行くとき … 60
- ホテルや旅館に泊まるとき … 61
- トイレのない野外へ外出するとき … 61
- 移動するとき … 62
- 長距離移動するとき … 62

粗相したときの対処法 ·· 64
　　常備しておくお掃除セット ······························ 64
　　お掃除セットの使い方 ···································· 66
　　粗相したときに大切なことって？ ····················· 66
　　オシッコの量ってどれくらい？ ························ 67
　　修行僧になってみる ······································ 67
　　水になる練習をしよう ···································· 68
　　体育会系おむつなし ······································ 68
「おまる・いやいや期」のとき ······························· 68
人にあずけるとき ·· 70
　　一時的な託児 ·· 70
　　保育園 ··· 71

3章　おむつなしグッズあれこれ

おむつなし育児で活躍！いろいろなおまる ·············· 74
　　ホーローおまる ··· 74
　　分離型おまる ·· 77
　　ベビービョルンのおまる ································· 78
　　IKEAのおまる ··· 78
　　100円ショップのおまる ·································· 79
　　中が透けて見えるおまる ································· 79
　　携帯おまる ··· 80
　　タッパーおまる ··· 80
　　和式のホーローおまる ···································· 82
　　ペットボトル ·· 82
　　フタ付き容器 ·· 82
　　ビニール袋＋紙おむつ ···································· 83
　　水を使わないトイレ（穴あき椅子トイレ） ········ 84
　　土にもどす ··· 84

便利なおむつなしグッズ ……………………………………… 85
おしりまわり ……………………………………………… 85
- 布おむつ ……………………………………………… 85
- レンタル布おむつ …………………………………… 85
- おむつバンド ………………………………………… 86
- おむつバンドの作り方 ……………………………… 88
- モコミディ …………………………………………… 89
- 分離型モコミディ …………………………………… 90
- タートルセーターのリメイク・モコミディ ……… 91
- セーターの袖でつくるおむつカバー ……………… 92
- 前あきパンツ ………………………………………… 93
- エコニコパンツ ……………………………………… 94
- ふんどし改造型パンツ ……………………………… 95
- ふつうのパンツ ……………………………………… 95
- 防水カバー …………………………………………… 95
- ウールカバー（ウールパンツ）…………………… 96
- ウールのロングパンツ ……………………………… 97

その他の便利グッズ ……………………………………… 98
- ホーローおまるの便座カバー ……………………… 98
- ホーローおまるのすっぽりカバー ………………… 101
- ウール100%のシーツ ……………………………… 103
- 小便座布団 …………………………………………… 104
- おむつなしエプロン ………………………………… 105

おむつなし育児の赤ちゃんの服装 …………………… 106
- はだか ………………………………………………… 106
- Ｔシャツだけ ………………………………………… 107
- 長肌着・長Ｔシャツ ………………………………… 107
- スカート ……………………………………………… 108
- 着物 …………………………………………………… 111
- レッグウォーマー …………………………………… 112

股割れズボン ････････････････････････････････ 113
　　　なんちゃって股割れズボン ･････････････････････ 114
　　　股割れタイツ ････････････････････････････････ 114
　　　股割れ毛糸のズボン ･･････････････････････････ 116
　　　パンタランジュ ･･････････････････････････････ 116
　　　股割れ下着 ･･････････････････････････････････ 117
　　　カバー付き股割れズボン ･･････････････････････ 117
　　　モロッコ風スカートズボン（手ぬぐい） ････････ 120
　　　モロッコ風スカートズボン（ふつうの布） ･･････ 122

おんぶ・抱っこ ････････････････････････････････････ 123
　　　高い位置でおんぶ ～一本ヒモや兵児帯でおんぶする～ ････ 123
　　　カンガルーケア続行！ ････････････････････････ 127

　コラム 「スターターキット」････････････････････････ 128

4章　長く続けるコツ

無理しない。おむつがある！ ･････････････････････････ 130
おむつを使う ･･････････････････････････････････････ 132
　　　布おむつ ････････････････････････････････････ 132
　　　紙おむつで息抜きしよう ･･････････････････････ 136
　　　紙おむつ体験談 ･･････････････････････････････ 136
おむつなし育児を成功させる秘訣 ･････････････････････ 138
　　　ゆったりした気持ちで「まぁ、いいか」 ････････ 138
　　　柔らかい手でさせる ･･････････････････････････ 139
成功させるためのその他の工夫 ･･･････････････････････ 140
　　　生活リズムを整える ･･････････････････････････ 140
　　　同じかけ声でさせる ･･････････････････････････ 140
　　　おむつなし友だちをつくる ････････････････････ 141
　　　おむつなしサークルに参加する ････････････････ 141
　　　ヴァーチャルな関係 ･･････････････････････････ 141
　　　おむつなし育児の情報を入手する ･･････････････ 142

5章 わが家の失敗の数々

- 育児サークルで ……………………………………………… 144
- 親子ヨガ教室で ……………………………………………… 144
- 雨の日に着物に子連れでバスに乗る ……………………… 145
- 地面がない！木陰もない！困った困った、どうしよう！ ……… 146
- 疲れた。こまめにトイレに連れて行きすぎ～！ …………… 147
- 畳に軟便事件 ………………………………………………… 148
- 玄関でウンチ ………………………………………………… 148

6章 それでもおむつなし育児を続けるワケ

- おむつなしの喜び …………………………………………… 150
- アトピー赤ちゃんの育児に自信を取り戻す ……………… 150
- おまけにおむつが早く外れる！ …………………………… 151
- 一人でトイレに行ってウンチするぞ ……………………… 152
- 家族がみんな赤ちゃんの排泄に気を配るようになる …… 154
- オブジェのようなウンチ …………………………………… 155
- おむつなし育児で身についた、必要なものはつくるという姿勢 … 156
- 思いこみから自分を解放するための一つのツール ……… 156
- おむつなし育児から月経血コントロールへ ……………… 157

- あとがき ……………………………………………………… 159

- 参考図書 ……………………………………………………… 160
- 関連機関・関連サイト ……………………………………… 160
- おむつなし育児の会 ………………………………………… 161
- おむつなしグッズ取扱ショップ（ネットショップ）……… 161

1章

「おむつなし育児」って何？

赤ちゃんとママの理想のコミュニケーション

　「おむつなし育児」とは、なるべく、おむつ以外のところにオシッコやウンチをさせる育児のやり方です。

　トイレやおまるにすると、身体に排泄物がついたまま放っておかれることがないので赤ちゃんは快適です。おむつの使用量も減ります。

　赤ちゃんは、おむつが汚れるので気持ち悪くて泣くのかと思っていましたが、膀胱にオシッコがたまって、オシッコしたくて不快になったときも泣きます。周りの大人にわかってもらおうと泣いて教えてくれるのです。

そんなサインをわかってあげて、おまるやトイレでさせていると、もっと強くサインを出すようになります。そして、赤ちゃんは、自分の身体に起きている現象をもっとよく意識できるようになります。同時に、膀胱もしだいにきたえられていくので、オシッコの間隔が長くなっていきます。

　ところが、赤ちゃんの出すメッセージを無視し続けると、赤ちゃんはママにわかってもらおうとすることをあきらめてしまって、しだいにサインを送るのをやめてしまいます。

　ママのほうは、赤ちゃんの気持ちをくみ取ろうとするうちに、赤ちゃんをよく見るようになります。そのうち、赤ちゃんの他の欲求もだいたいわかるようになります。ママは赤ちゃんがもっといとおしくなり、赤ちゃんは、ママにわかってもらえることがうれしくて情緒が安定し、不必要に泣くことがなくなります。こうして、ママと赤ちゃんはもっと濃密にコミュニケーションが取れるようになっていくのです。

昔は当たり前だったおむつなし育児

　おむつなし育児は、新しい育て方ではなく、昔は誰もが当たり前にしていたことです。今は、紙おむつが主流ですが、50年前には、布おむつしかありませんでした。現在、50歳くらいの人たちが生まれたとき、紙おむつはなかったのです。日本で一般にひろく使われ始めたのはほんの20〜30年前のことで、人類の長い歴史をみると、ごく最近のことなのです。世界をみると、今も東南アジアやアフリカではふつうに行われている育て方です。

今80歳くらいのおばあちゃんたちが生まれたころ、おむつは早く外したほうがいいとされていました。おまるで排泄するのは「よい習慣」とされ、生後1ヶ月ころからおまるにかけさせ、生後半年くらいでおむつをしないですむようになるという方法がすすめられていたそうです。

　ところが戦後、「医学博士」がおむつ外しについて母親たちにアドバイスするようになり、科学的な見方から、おむつ外しの時期はしだいに先延ばしにされるようになりました。

　1970年ころ紙おむつが普及し始めると、今度は「心理学者」が、「おむつは急いで外す必要はない」と言い始めます。早い時期のおむつ外しはトラウマになる、と主張したのです。おむつは、お座りできる8〜9ヶ月ころから2歳の間に外れたらよく、遅くとも3歳に外れればよい、とされました。

　現在、おむつが外れる平均年齢は、3歳半とのことです。幼稚園に入園するときにおむつをしていても誰もおかしいと思わなくなってしまいました。

　これで本当にいいのかな、何か変ではないかな、と思い、昔のやり方の良いところを取り戻そうとするのが、おむつなし育児です。必要ならば、紙おむつや布おむつも使いながら、便利さの影に葬り去られてしまった感覚を取り戻そう、というのです。

おむつなし育児のいいところ

ママは、こんなに楽しくなる！

赤ちゃんをよく見るようになる。

↓

赤ちゃんの気持ちやリズムがよくわかるようになる。

↓

赤ちゃんがもっとかわいくなって毎日楽しくなる。
オシッコ・ウンチ・タイムが幸せな時間になる。
「おっぱい」「ねんね」「オシッコ」を泣き分けているのが
だいたいわかるようになる！

赤ちゃんは、こんなにうれしくなる！

オシッコやウンチしたいとき、ママにわかってもらえるからうれしい。

↓

空中にオシッコやウンチするから気持ちいい。
排泄物を肌につけたまま放っておかれることがない。
おしりはいつも清潔でさらさら。それに、動きやすい。

↓

いつもうれしくてご機嫌の赤ちゃんになる。
自分の意志をしっかり伝えられる子になる。

赤ちゃんをよく見るようになる

・動物的な直感がするどくなり、赤ちゃんに敏感になる。
・赤ちゃんにとって本当に必要なものがよく見えるようになる。
・「育児はこうでなければいけない」という思いこみから解放される。
・育児書よりも赤ちゃんをよく見ることを学ぶ。
・赤ちゃんが何をしたいのか、だいたいわかるようになるので、育児に自信が持てるようになる。

赤ちゃんの排泄の自立が早くなる

・なんといっても、おむつが早くいらなくなる。1歳すぎたら、ものすご〜く楽ちんになる。
・1歳をすぎると、だいたい排泄も落ち着き、2歳前後には、たまに失敗があっても、自分でトイレに行って一人で排泄できるようになる。

　そのため、現在よく行われているように、2〜4歳になってからトイレトレーニングをしなくてもよくなります。何年間もおむつに排泄することに慣れてしまった赤ちゃんにトイレトレーニングをするのは、親も子も一苦労！
　大きくなってからトイレトレーニングをすると、「何でこんなに大きくなったのに、ちゃんとオシッコ教えられないの？！」とついつい子どもを怒ってしまいがちです。このとき怒ってばかりいると、排泄はママに怒られるもの、との恐怖から排泄障害になってしまう子どももいるそうです。
　「早期のおむつはずしはトラウマになる」という意見もありますが、自分でオシッコできるようになることや、おむつを外すことは、一つの健全な

成長過程だと思います。

　月齢の低い赤ちゃんのうちから、なるべくおむつ以外のところでできるようにしておくと、ママも赤ちゃんも早く楽になります。

エコな暮らしができる

・環境にやさしく、経済的です。紙おむつは必要なとき以外使わないので、買いに行く手間と出費が減り、ゴミも減ります。また、紙おむつを製造するために必要な化学物質や石油などの他、流通にかかるコストも削減できます。布おむつでも最小限しか必要なくなるので、洗濯が減ります。これまで洗濯しすぎていたことを反省したりします。

家族みんなで育児ができる

・家族のみんなを巻き込んで育児できるようになっていきます。パパや上の子たち、おじいちゃんやおばあちゃんでも、おっぱいは無理だけど、オシッコならさせてあげられます。

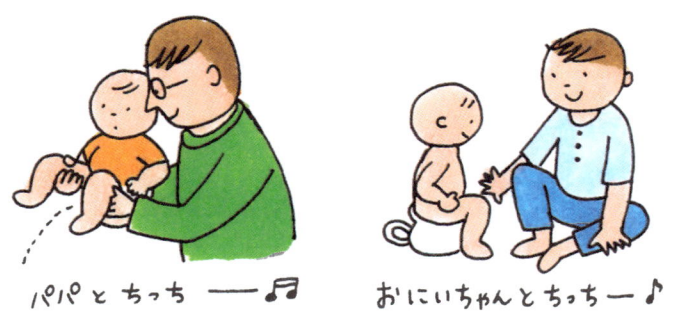

・家族の誰もが、一度おむつ以外のところでオシッコさせることに成功すると、うれしくなって積極的に手伝ってくれるようになります。参加することで、みんな楽しくなるのです。上の子たちも、赤ちゃんのオシッコサインに気づいて教えてくれます。

　最初の1年間、とくに冬は、ちょっとたいへんに思うかもしれません。「おまる・いやいや期」もあります。
　でも、35kg用（小学校3～4年生の平均体重）の紙おむつも出回っている今、何年間もおむつを使い続けて、赤ちゃんに自分の身体の感覚を失わせてしまうのはとても残念な気がします。
　こんなにすばらしく、得るものが多い「おむつなし育児」。試してみないのはあまりにももったいない！
　0歳の赤ちゃんのお世話は、いずれにしろたいへんで、手のかかるものです。それならば、いっそのこと、排泄もふくめて丸ごと赤ちゃんを受けとめてみれば、実はもっと育児が楽しくなるのです。

　それに、おっぱいだけの赤ちゃんのオシッコ・ウンチはまだあまり臭いません。離乳食を始めると、臭いがきつくなりだします。
　そうなる前に、赤ちゃんの膀胱をきたえてあげれば、赤ちゃんも快適だし、ママも長い目でみればずっと楽なのです。
　でも、そもそも、楽することばかりが本当にいいことなのでしょうか。大切な赤ちゃんに対して、その人生の始まりに、丸ごと受けとめてあげることは、その子の生涯の基礎となるでしょう。ママのほうも、子どもをありのまま受けとめる修行を0歳のうちに積んでおけば、少しくらいのこと

で驚かない肝っ玉母ちゃんに近づけるに違いありません。

　赤ちゃんは今、何をしたいのか、赤ちゃんの気持ちはどこにあるのか、そんなことにアンテナをはりめぐらせる練習は、その後の育児のベースとして、心のどこかに残り続けることでしょう。おむつなし育児はそのための、一つの最適な手段なのだと思います。

おむつなし育児のたいへんなところ

床に粗相したとき

　赤ちゃんが床にオシッコをしたりすると、最初のうちはあわてます。でも、赤ちゃんは一日に何回もオシッコするものですから、そのうち慣れてきます。わが家では、生後4ヶ月のころに数えてみたら、一日25〜30回もオシッコしていました。

　寝ているときにオシッコしても、オシッコが床に飛ぶように布団の位置を工夫したり、汚されてもいいような場所で寝かせるなど、怒らないですむような環境を整えておきましょう。

　でも、よそのお宅で粗相したときは、たいへんあせります。それに申し訳ない、情けない気持ちになってしまいます。そんなときは、迷惑をかけてまでおむつなしにこだわる必要はないので、ためらわずおむつを使ったらいいと思います。

服にウンチがついたとき

赤ちゃんの服でも、ママの服でも、洗うのはたいへんです。とくに軟便だったり、人がたくさんいるときは、穴があったら入りたくなっちゃいます。

こんなときは、どうしたらいいのでしょう。

1. 赤ちゃんごと、着替えやおしり拭きなど一式持ってトイレや洗面所に隠れる。
2. 着替えを持ち歩く（当たり前？）。

布おむつを洗うときは？とくに柔らかいウンチが出たとき

・ホースの勢いで、手を使わずにウンチを流してしまい、それから洗います。

- 重曹やアルカリウォッシュ（セスキ炭酸ナトリウム）などにつけおき洗いします。
- ゴム手袋をしたり、ウンチ用のトングを用意しておいて、水洗トイレの水の中でゆらゆらと洗います。後は水を流すだけ！　このあと、気になるようなら布おむつを石けんで下洗いし、ふつうに洗濯します。最初は抵抗があるかもしれませんが、洗面台やお風呂場で洗うより便利で簡単です。
- 電動「洗濯バケツ」を使います。中味をトイレに捨てる。

トイレの中でだいたい洗うと流すだけでいい

最初は抵抗あるかもしれないけど、洗面台やお風呂場で洗うより実は簡単かも

電動洗濯バケツでウンチをおとす
↓
トイレに捨てる
↓
ふつうに洗濯

タイマー付

頻尿のとき

とくに夏から秋にうつりかわり、肌寒くなってくる時期、頻尿になる傾向があります。寒さになれるまで、10〜15分おきにオシッコしてしまう赤ちゃんもいます。そんなときは、おむつバンド（p.86参照）に輪おむつをはさんで、出た直後にこまめに取り換えていました。朝の忙しい時間帯などは、おむつカバーや紙おむつを使ってもいいと思います。

「おまる・いやいや期」のとき

おまるやトイレに連れて行くとやたらと嫌がる「おまる・いやいや期」があります。

今にもオシッコが出そうなのに、どうやってもおまるやトイレを激しく拒絶するとき。そしておまるから降ろすとシャーッと出たりする。そんな日々が続くとくじけそうになります。

そんなときは、排泄させる場所や向きをかえてみたり、トイレに子どもが好きな動物の絵や写真を貼ってみたり、と工夫を重ねてみました。

それでも嫌がるときは、「嫌なのね、おまるでしたくないのね」とその気持ちをわかってあげられただけで「よし」としましょう。気持ちを受け入れるのも、一つのコミュニケーションです。

いやいや期 トイレにキリンの
絵を貼ってみたり

お風呂場で立ちションさせてみたり

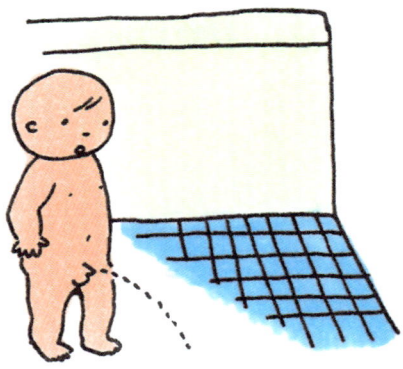

> コラム

わが家のおむつなし育児

　わが家には現在6歳の長男と3歳の次男がいます。4月生まれの次男とのおむつなし育児は、次のように経過しました。

　生後1ヶ月の終わりころからおまるでさせ始め、3ヶ月で日中のおむつを外し、13ヶ月のとき昼夜ともおむつをやめました。失敗することはありますが、排泄は2歳くらいで自立しました。赤ちゃんを自然な成長にまかせると、歩きだすころ排泄は落ち着くことがわかりました。

　排泄は、成長にあわせて進んで行くことを実感します。たとえば、歯の生えはじめにはおむつなし育児がよくできないとか、歩くようになったらウンチの回数が激減した、など発育を敏感に感じられました。

　成長の度合いはたいへん個人差の大きいことですし、生まれた季節との関係もあります。あくまでも参考に、それぞれの赤ちゃんをよく見て実践してくださいね。

① 順調期　（生後1ヶ月〜6ヶ月ころ（春〜秋口、5月〜10月））
布おむつ・おむつなし

誕生〜1ヶ月	レンタル布おむつ。
1ヶ月終わりころ	おまるやトイレでさせ始める。
2ヶ月	日中、ウンチの後はオシッコは出ないことがわかったので、30分〜1時間おむつを外す。
3ヶ月	家にいるとき、日中おむつなし。粗相したら床は拭けばいい、と悟る。レンタル布おむつをやめる。
4ヶ月	だいたいおまるで排泄。ウンチ一日10回（7勝3敗）。しかも水っぽい。

| 5ヶ月 | 夜もおむつカバーをやめる。輪おむつとおむつバンドだけで過ごす。 |

❷ おまる・いやいや期 (生後6ヶ月〜13ヶ月 (秋〜冬〜春、10月〜翌年5月))
おむつバンド（＋輪おむつ）・おむつなし

6ヶ月	お座り→ウンチの回数減少（一日10〜12回→5〜7回）。野ション・デビュー。
7ヶ月	寒い。あまりできず落ち込むことも。頻尿（5〜15分おきのことも）。
8ヶ月	「授乳おまる」、高確率。おむつなし、ほとんどできない。あるときから開き直る。
9ヶ月	寒い。オシッコは今か今かと見つめるあまり、幻のオシッコ・ラインが見える。高ばいから一人で何にもつかまらずに立っちできた。水っぽいウンチ→泥状に。
10ヶ月	排尿間隔がのび、3〜4時間あくことも。
11ヶ月	1歩歩く→またウンチの回数が減る。

❸ おむつはずれ期 (1歳〜1歳10ヶ月)(春〜冬)
おむつなし・エコニコパンツ

| 1歳0ヶ月 | 夜中もおまるでするので、乾いたまま朝を迎える。たくさん歩くようになった。 |
| 1歳1ヶ月 | 外出中もおむつをほとんど汚さなくなったので、**おむつをすっかりやめる**。オシッコのとき教えてくれる（前か後）。
昼も夜もおむつなし。外出時はエコニコパンツ（94ページ）。 急におむつなしがしやすくなった。 |

1歳2ヶ月	昼寝1回に。立ちション大好き。毎日すごい汗（6〜7月）。室内への外出が問題になる。
1歳3ヶ月	おまる、トイレ、野原、お風呂場、洗面台、床などで排泄。 輪おむつ、雑巾と化す。ウンチ1回になる。
1歳4ヶ月	おまる、使い方を変えて復活（自分で勝手にする。上の子や夫がさせる）。外出中は粗相なし。でも家ではよく床に垂れ流し。
1歳5ヶ月	ウンチは床で立ちウンチ。寒くなってきたらおねしょ。**セルフおまる**（一人で勝手にオシッコして、おまるの中味をトイレに捨てる）。
1歳6ヶ月	夜、おむつカバーやモコミディ（89ページ）を復活させる日も。床に立ちウンチ。**卒乳後**、食事のたびにバナナ状のウンチ（一日3〜4回）。
1歳7ヶ月	外出先ではタッパーおまる、またはトイレや野原で立ちション。
1歳8ヶ月	排尿間隔がのびる。粗相が減る。
1歳9ヶ月	自分一人でズボンをおろしてできるようになった。でもまだまだ。たまに自分でスカートをまくりあげておまるに座ってオシッコ。 おまるから降りて床に立ちウンチを好む……。 それをおまるでキャッチ。夜はオシッコしない。

＊課題　自分でズボンをおろして一人でオシッコできるように。決まった場所でさせること。

❹ 完了期（1歳11ヶ月〜2歳9ヶ月）
おむつなし・エコニコパンツ・ふつうのパンツ

1歳11ヶ月	ジャンプできるように。「**セルフウンチ**」（したくなると一人で勝手にトイレに行ってウンチする）。でも拭くのは私。介助が必要。オシッコはこまめに連れて行けばトイレでする。ときどき床やパンツに粗相。夜は0〜1回オシッコ（おまるでさせる）。
2歳0ヶ月	「**セルフオシッコ**」（したくなるとトイレに行って勝手に排泄）。ときどき粗相。ズボンを脱ごうともがく。間に合わなくて便器の前に出てしまうことも。大人みたいに、戸を閉めて個室で一人でしたがる。外出時のみパンツをはく。
2歳1ヶ月	ウンチの後、自分でおしりを拭いた！（拭けてるかはともかく）。
2歳2ヶ月	おまるにオシッコを命中させる練習。「個室セルフ」でウンチ（一人で戸を閉めて入りたがる）。
2歳4ヶ月	外泊にもおまるがいらなくなる。朝のオシッコもトイレまで待てる。
2歳5〜8ヶ月	排泄の自立が完了したと思いきや、風邪をひくとおねしょや粗相が増える。機嫌のいいときは、「トイレ行っといで」というと一人ですませてくる。まだ大人がトイレに誘う必要あり。
2歳9ヶ月	もう大丈夫。したいとき、一人でトイレに行ってする。または教えてくれる。

2章

おむつなし育児実践！
やってみましょう

どうやってさせる？〜ポジション〜

　首のすわる前の柔らかい赤ちゃんは、身体と頭をママにもたせかけるようにして、足を下から支えます。ママと赤ちゃんの身体をなるべく離さないようにして「やり手水（ちょうず）」すると安心してオシッコも出るようです。
　「やり手水（ちょうず）」というのは、後ろから赤ちゃんの太ももをもって抱き上げ、足を少し高くして排泄させること。昭和初期まではふつうに使われていた言葉だそうです。

トイレの場合

　頭をママの胸にもたせかけて太ももを下から両手で支え、便座におしりをかけてさせます。
　①水洗トイレのタンクに向かって座らせ、ママも赤ちゃんもタンクに向かいます。

なるべく身体を近づけてると赤ちゃんがこわがらない。
首のすわらない赤ちゃんでもこうすれば大丈夫♪

②ママも赤ちゃんもドアに向かって座ります。タンクを背にして同じ方向を向きます。

おまるは使っても、使わなくてもできます。使わない場合、ママは後ろのほうに座り両脚の間で赤ちゃんに排泄させます。

おまるごと膝にのせてママと一緒に「連れション」もできます。

おまるごと膝にのせて連れション

両わきをしっかり支える

・首がすわったら、赤ちゃんを便座に座らせて向き合ってさせることもできます。
・首もすわり、一人でしっかり便座に座れるようになったら、補助便座が使えます。補助便座は、大人の便座の上にのせるだけで、便座の穴が小さくなります。これを使えば赤ちゃんがトイレの中に落っこちません！

補助便座は、取っ手がクマやカエルなどの形をしたものなど、いろいろな形や色のものが売られています。毎日何回も使うので、ママのお気に入りのものを買うとトイレタイムが楽しくなります。私は何でもいいと買ってしまったので、子どもに合わせるんじゃなかった、と使うたびに思います。

おまるの場合

　とくにホーローおまるは、角度をつけられるのでたいへん重宝します！首がすわるようになったら、赤ちゃんを後ろから支えます。

ちっちー

生後2ヶ月のとき。家にあった上の子のおまるでさせてみました。

トイレで、どうやって紙を取る？

　赤ちゃんを片手で支えながら紙を取るしかありません。

　右利きの場合、右手でおしりを拭きたくなります。トイレのタンクに向かってさせる場合、トイレットペーパーホルダーが反対側（左側）に取りつけられていると、右手がホルダーに届かずたいへんです。おしりを拭く紙や布はあらかじめ右側に用意しておきましょう。

おしりを拭く紙や布はあらかじめ右側に用意しておきましょう！

左手で赤ちゃんの両方の太ももを下から支える

どうやって、おしりを拭く？

　赤ちゃんのおしりをおまるにかけたまま、赤ちゃんを左手で支えて右手で拭きます。水っぽいウンチのときは、したたり落ちないように注意が必要です。固めのときは、赤ちゃんを膝の上にのせ、左手で両脚を上にあげたままキープ。右手でおしりを拭きます。

「おしり拭き」のこと

番茶とボロ布

　朝、番茶をたくさんつくって、ポットに入れておきました。ウンチが出たら、小さい容器に番茶を少量入れます。ボロ布を四角く切っておいて、番

2章 おむつなし育児実践！やってみましょう

おまるにおしりをかけたまま肘で
支え、もう一方の手で拭く。
（水っぽいウンチのときとくにしたたり
落ちないように要注意！）

茶に浸し、しぼってからおしりを拭いてあげました。ボロ布なら使った後、おしげなく捨てられます。他にも、ネルとフリースのリバーシブルのおしり拭きをつくっておいたものが8枚くらいあったので、これも活用しました。こちらの場合は、洗って何度も使いました。

　赤ちゃんも、熱いお湯につけてからよくしぼった布で拭いてもらうとさっぱりして気持ちよさそうです。市販のおしり拭きは手軽ですが、わが家の子どもはアトピー症だったので、緊急時以外は使いませんでした。お茶なら、殺菌効果もあるので安心ですね！

トイレットペーパー

　トイレでするときは、大人のようにトイレットペーパーで拭きました。おむつにウンチするのと違って、小指の先くらいしか拭くところがないので、トイレやおまるにしてくれると、おしりを拭くのが簡単です。

ちり紙

　昔、和式トイレしかなかったころ、お菓子箱などに入れられてトイレに置かれていた「ちり紙（便所紙）」。今も健在です。最初から切ってあるので、取り込み中に、トイレットペーパーを切る手間がはぶけます。

キッチンペーパー

　キッチンペーパーを小さく切って、水に濡らし、小さいタッパーに入れて使っている人もいました。ティッシュと違って固さがあるのでボロボロになりにくいのがいいところ。

「授乳おまる」（授乳しながらおまるでさせる）

　赤ちゃんは、よくおっぱいを飲みながらオシッコします。赤ちゃんのおしりの下におまるを置いて、赤ちゃんに授乳しながらさせます。よくも食べながら出せるな～、と感心します。「授乳おまる」は、ななめに傾けて使えるホーローおまるじゃないとむずかしいかも。

いつからさせる？いつさせる？
～タイミング、サイン～

いつからさせたらいい？

　産まれて最初のオシッコを、パパがおまるでさせたというすごい人もいます。ママ以外の誰かが「やり手水(ちょうず)」してあげられるなら、赤ちゃんは産まれてすぐからでもおまるでできます。

　でも、ママが元気でいることが大切なので、産後１～２ヶ月の間は自分の身体の回復に集中したほうがいいと思います。赤ちゃんの排泄に関して、パパや祖父母など、まわりの人の助けを得られない場合は、無理せず、レンタル布おむつや紙おむつを使うなどして、しっかり休養してくださいね。

　２ヶ月くらいから始めても、全然遅くありません。早ければ早いほど、赤ちゃんはおむつの中でする習慣を身につけずにすみます。６ヶ月くらいまでに始められたらいいと思います。

　でも、家庭によって、体調によって、個人差があるので、やれるときに気楽に始めてみてくださいね。スタートが遅くなったとしても心配しないでくださいね。いつから始めたとしても、ママが赤ちゃんに気持ちよく排泄させてあげたいと思ってくれたなら、その気持ちは赤ちゃんにきっと伝わります。

排泄のタイミングはいつ？

　最初は、排泄のタイミングを見計らってさせると成功することが多いようです。大人と同じで、寝起きや食後、ホッとしたときなどが狙い目です。

・確率が高いのは朝の寝起き。お昼寝の寝起きも。
・授乳前、授乳中、授乳後、授乳後しばらくしてから。食後。
・ホッとしたとき（外出から帰ったとき、ベビーカーから降ろしたとき、バスや電車や車など乗り物から降りたとき、どこかに到着したときなど）。
・抱っこやおんぶからおろしたとき。
・それから、ママがトイレに行きたいとき！　これはかなり確率が高い。ママと赤ちゃんは一体なのですね。リズムはだいたい同じです。

排泄のサインを見つける

　首がすわるまで、寝返り前、お座りできたら、つかまり立ち、歩き始めるなど、成長にともなってサインも変化します。月齢に応じて、また、赤ちゃんによって、サインはさまざま！

　よ〜く観察して、赤ちゃんのサインを見つけましょう。

サインの例（わが家の場合）

・寝ているとき、モゾモゾと動き出す、何か声を出す。
・しゃっくりする。
・おなら（典型的なウンチの合図！）。
・授乳中、おっぱいをくわえたり離したりするとき。
・大きな声を出す、わめく。
・動きが止まる、真顔になる。
・トイレに行ってこちらを見る。
・お風呂に行く。
・股に手をやる。
・もじもじする。
・「出った〜、出った〜」と出る前や後に言う。

いつも見てなくちゃならないの？

　排泄に気をつけてあげる、といっても、ずっと赤ちゃんに注意を向けているわけにはいきません。なんとなく、目の端に入れておくくらいの注意の仕方でいいように思います。注視していなくても、そのうちなんとなく「そろそろしたいかな」というときがわかるようになってきます。

それに、「おむつなし育児」という言い方をしてますが、おむつを使ってもいいのです。余裕のないときは堂々とおむつに頼りましょう。「堂々と」、というのは、私の場合、「おむつなし育児してるのよ〜」と宣言すると、赤ちゃんにおむつをつけているのがなんだか恥ずかしいような気がしたこともあったからです。でも、赤ちゃんに、おむつを使うことは恥ずかしいことではありません。余裕のないとき、忙しいとき、見ていられないときがあるのはふつうのことです。

イライラしたときどうする？

おむつなし育児のせいで、赤ちゃんに恐い顔を見せたりイライラと怒ってしまうくらいなら、おむつをしてお休みしましょう。

イライラしたときの対処法の例

- 目を閉じて一呼吸する。
- ちょっと外に出る。
- 近くに頼れる人がいないなら、託児所やファミリーサポートなどに1時間くらいみてもらって好きなことをする。
- ふだんから、自分自身に戻れるような好きなことを探しておく。イライラしたら好きなことをして息抜きする。たとえば、車の中で10分間歌を歌う、ジョギングする、音楽を聴く、楽器を演奏する、本を読む、庭いじりする、水をまく、裁縫などなど。
- おいしいものを食べる。

どこでさせる？

トイレでさせる

　トイレは後始末が一番楽です。ただ布団から離れなければならないので、間に合わないことも！　赤ちゃんが小さいうちは、ママも疲れていて、そのたびにわざわざトイレに連れて行くのがたいへんなこともあります。

　和式トイレのときは、金隠しに脚をのせるようにして抱きかかえたら、はずれることなくうまくできました。支え方を工夫してみてください。

　赤ちゃんが立って歩けるようになると、外出先でも立ちション用のトイレでできるようになります。デパートなどの女性用トイレの中にある男の子用のトイレが活躍します。

デパートの男の子用トイレは1歳児には高さがありすぎた…?

おまるでさせる

　おむつにされてしまうより、おまるでしてくれると後始末がずっと楽です。トイレに流しておしまい！　ウンチのときは、おしりを拭くのが、爪の先くらい！　おむつの中でウンチされちゃって、おしりがべっとり汚れているのとは比べものにならないくらい簡単です。布おむつを使っている人なら洗濯が減るでしょうし、紙おむつなら使用枚数が減ります。それにおまるは枕元に置いておけるので、赤ちゃんの欲求にすぐに対応できます。

おむつの上でさせる

　おむつが汚れてなかったら、おむつを外してあげて、その上にさせる、という手もあります。おむつは汚れますが、赤ちゃんは空中でできて気持ちがよく、排泄の感覚がわかります。また排泄のときをママにわかってもらえた喜びも味わうことでしょう。

洗面台でさせる

「おまる・いやいや期」が到来し、何をやってもトイレもおまるも拒絶されてしまうようなとき……。抵抗感がなければ、洗面台でさせてみると、鏡に映る自分やママの姿をおもしろがっているうちにオシッコが出たりします。水のチョロチョロと流れる音を聞かせるのも、効果があるようです。

お風呂場でさせる

　それもだめなら、お風呂場はどうでしょう。お風呂場なら立ちションされても水で流せばきれいになります。意外にも、男の子だけでなく、女の子も立ちション好きな子は多いのです。

庭でさせる

　お庭でさせるのはどうでしょう？　ちょっと外に出てみると気分もかわります。お花や木を見ながらオシッコするのは気持ちよさそう。オシッコも勢いよくほとばしります。

野原でさせる

野原は？　気持ちいいでしょう？？

やっぱり野ションよね〜！

オシッコは、美しい弧を描いて飛びます。わざと高い位置からさせてみると、オシッコの描く放物線に目をうばわれます。

あなたの赤ちゃんは、どこでするのが好きでしょう。それに、どんな姿勢でするのが好きでしょう？

月齢に応じて変化していきますので、臨機応変に対応してくださいね。工夫を重ねるのも楽しい試みです。正解はありません。

うちの子は座リション大好き
赤ちゃんによって好みがちがう

でったー

床にしてしまうとき

わざとさせるわけではありませんが、床に出てしまうことは多々あります。お座りできるようになると「座りション」、たっちできるようになると「立ちション」。床ならそうじするだけですみますが、いつか決まった場所でしてくれることを夢見て、「ギーちゃん、ちっちはおまる（またはトイレ）でするんだよ」と毎回言いました。自分でトイレに行ってオシッコする日々はかならずやってきます。

夜のおむつなし育児

　夜のほうが赤ちゃんのサインがわかりやすい、という人もいますが、これも個人差があります。参考までに、私の場合を紹介します。

誕生〜生後５ヶ月の夜

布おむつ＋おむつカバー

　生後３ヶ月までの夜は、レンタル布おむつを利用。大判のさらしおむつと一緒にウールのおむつカバーも借りて使っていました。その後、レンタルをやめ、生後４ヶ月からは手持ちの輪おむつとファジバンズのおむつカバーを使いました。

　輪おむつはおむつの定番。４つ折りにして使います。濡れてもすぐに乾くので使い勝手のいいのが魅力。昔は浴衣などをほどいてつくったそうです。

　ファジバンズのおむつカバーは４つボタンでウエストと太もものサイズ調整ができます。素材はポリエステル。外側は防水布、内側はソフトなマイクロフリースでできています。

2章 おむつなし育児実践！やってみましょう

ファジバンズの
おむつカバー
(上の子のおさがり)

おむつの定番
輪おむつ

2回折って使う

＊4つのボタンで
ウェストと太ももの
調整ができます。

＊すぐに乾く。
昔は浴衣など
をほどいて
つくったそうです。

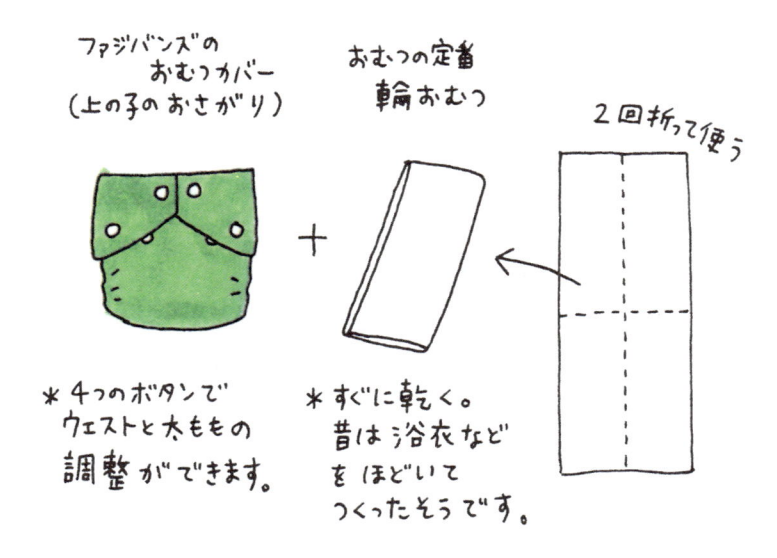

　昼は、おむつを外せるときは外していたり、おむつバンドに輪おむつをはさんで過ごしました。それ以外のときは昼夜ともに、おむつカバーをプラス。次男は夜、授乳のたびにオシッコしていたので、わかりやすかったほうだと思います。

　夜中は、まず、寝ているときにモゾモゾと動いたり小さな声を出したりしたら、おむつを触ってみます。→たいてい濡れていないので、ランプをつけ、急いでおむつを外しておしりの下にホーローおまるを設置→授乳（授乳中もおまるをあてたまま）→オシッコが終わったらおむつとおむつカバーのボタンをはめる。

　こうしていると、だいたい授乳中か授乳直後にオシッコしていました。ウンチすることもありました。

布おむつだと、夜中に電気をつけなくても、触っただけでオシッコしたかしていないかわかったので、布おむつばかり使っていました。朝起きて、おまるにちゃぷちゃぷとたまったオシッコを捨てるのは、なんとも誇らしく、達成感のあるものでした。

生後5ヶ月〜13ヶ月の夜
輪おむつ＋おむつバンドを使用

　夜、ねぼけているときにおむつカバーのボタンをプチプチ、プチプチと外したり、はめたりするのがだんだん苦痛になってきました。そんなときにかぎってボタンをかけ間違えたりして、面倒になっていきました。

　マジックテープ式のおむつカバーを使ったときは、はがすときにバリバリバリッと夜中に大きな音がしてしまい、みんなが起きてしまわないかと心配になりました。そこで、夜もおむつカバーを使うのをやめて、輪おむつとおむつバンドだけにしました。おむつバンドが大活躍した時期です。

生後13ヶ月以降の夜
おむつなし

　1歳のお誕生日をすぎると、だんだんと膀胱もきたえられ、乾いたまま朝を迎えることが多くなったので、夜もおむつをすっかりやめてみました。風邪を引いたりして体調をくずしているときは、おねしょすることもありますが、それ以外は朝まで大丈夫です。

　冬の寒い日は保温のためにふつうのパンツと毛糸のパンツをはかせました。ときどき夜中や明け方にオシッコすることがあったので、ホーローおまるを枕元に置きました。

夜の工夫〜敷物と服装〜

バスタオル＋防水シーツ（ビニール風呂敷でも）

　夜寝るときは、敷物や服装にも工夫しました。おむつをしないで寝かせるとき、敷布団の上にバスタオルを敷きました。毎日必ずおねしょするという友人の赤ちゃんは、防水のおねしょシーツを敷き、その上にバスタオルを敷いていました。

　粗相することもありますが、替えのバスタオルを用意しておけば大丈夫です。布団にオシッコがついたときは、水拭きして、干しました。

常備
・乾いたバスタオル数枚
・100円ショップのトレー（汚れものを入れる）

バスタオル
防水シーツ
敷布団

蒸れないか？暑くないか？
色々、心配、親心。

ウールのシーツ

　そのうち、ウールのものなら、自浄作用が働くので洗わなくていいと聞き、オーガニックウール100％のブランケットを「布おむつ、おむつなしのお店　ドリームナッピーズ」で購入し、敷いていました。サイズは100cm×140cm。ベビー布団をすっぽりガードする大きさです。

　お日さまに干せば、本当に臭わないので、数ヶ月洗わなくても大丈夫でした。でも天日干しは毎日しました。

　ウール製品がおむつなし育児に向いていることがわかったので、おむつバンドやおまるの便座カバーもウールにしたら、とても扱いやすくて便利になりました。

赤ちゃんの夜の服装

　すぐにオシッコさせられるように、スカートや長Ｔシャツ（ネグリジェのようなもの）を着せていました。新生児のうちは、長肌着が便利でした。ウール製品の良さを知ってからは、古いセーターなどをリメイクして、ウールのスカートをつくり、レッグウォーマーをはかせました。

　ウールだと、水をはじいてくれるので、少しくらいオシッコがついてもすぐに拭けば簡単に取れます。ウンチも付着しにくいので、扱いやすい生地です。ウールのスカートやおむつバンドなどは、ネットに入れて、他のものと洗濯機で一緒に洗っちゃっても大丈夫です。

　夜も、着替え用のスカートとレッグウォーマー、Ｔシャツは常備していました。

　冬は、冷えないように、厚手の毛糸のスカートに、レッグウォーマーも太ももの付け根まであげてはかせました。

冬の服装　1歳の冬歩いてたころ

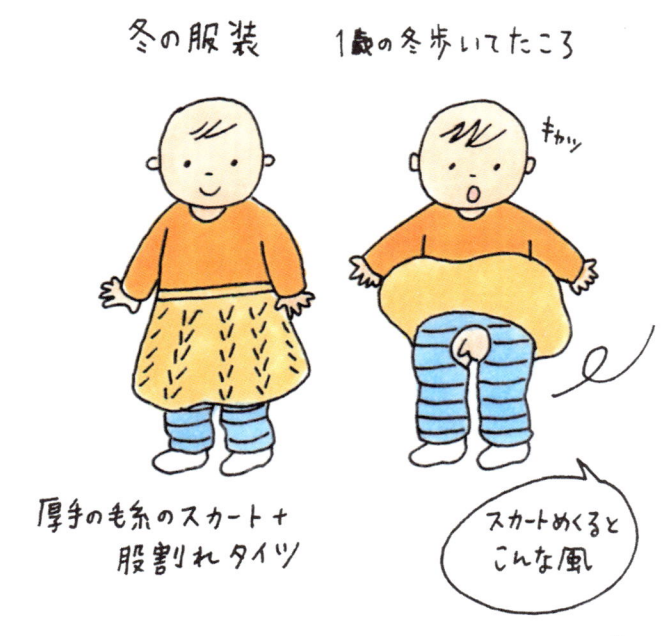

厚手の毛糸のスカート＋
股割れタイツ

スカートめくると
こんな風

＊ たまに一人でおまるやトイレでしてくれることも。

　もっと寒いときは、股割れタイツ。夜は上にスカートを重ねました。股割れタイツは、タイツの股部分をハサミで切るだけで完成！（作り方p.115参照）

　夜中でも脱がせるのが苦にならないときは、ウールソーカー（毛糸のパンツ）をはかせました。今はいろいろなウールカバーも出ていて、夏でもさらりとしたウールで通気性もよく、快適に過ごせるようです。ウールカバーは、はかせるタイプのおむつカバーです。

冬の暖房とおむつなし育児

　わが家では、寝ている赤ちゃんの足が冷たくなっていたら、湯たんぽを布団に入れます。それでも寒いときは、暖房を使います。空気もなるべく加工したくないのですが、赤ちゃんが素早くオシッコできるようにすると、どうしても、おしり周りの服が薄くなってしまいます。

　どうやったら赤ちゃんの身体を冷やさずに、おむつなし育児をするかが秋冬の課題です。住む地域によって気候は違いますが、参考までにわが家では、寝る場所にはデロンギのオイルヒーター、リビングにはFF式石油ファンヒーターと電気カーペットを使っています。

　カーペットのカバーは汚れてしまってもいい安いものを使っていますが、ウンチされると洗うのがたいへんです。カーペットの端のほうなら、お湯を入れた洗面器と石けんを部屋にもってきて、その場で手洗い。1〜2週に一度は洗濯機で丸洗いしました。

外出中のおむつなし育児

　出かけるとき、おむつはどうするの？　おむつなしで大丈夫なの？　という疑問が多いようです。出かける場所に応じて臨機応変に楽しめたらいいですね。おむつなし育児をしていると、おむつの荷物も最小限ですむようになります。

知人宅へ行くとき

　個人差がありますが、子どものいない人の家や、おむつなし育児に理解のない人の家に行く場合、粗相の心配のあるうちは、おむつを使ったほうがいいでしょう。

　でも、おむつなし育児をしている友人宅へ行く場合、同じくらいの月齢の赤ちゃんが、"ふりちん"していて、おむつ外してていいよ〜、と言ってくれるなら、自分の子もおむつを外してもいいと思います。粗相のための雑巾などが用意できるのであれば、おむつなしのひとときを一緒に楽しめます。木目のない材質のフローリングなら、いっそう気兼ねないことでしょう。

　でも、私は、軟便でウンチが出るかもしれない赤ちゃんや頻尿の場合は、やっぱりおむつをしないと申し訳ないと思います。洗うのがたいへんそうなカーペットや畳の部屋では、とくに要注意です。自分の赤ちゃんのウンチならよくても、他人の赤ちゃんのまではちょっと……という人もいます。

　また、離乳食がはじまると、ウンチやオシッコの臭いが強くなります。こうした感覚は、個人差のあることですが、今の日本の住宅環境で、粗相されて平気な人はたぶんあまりいないでしょう。

いずれにしても、粗相のときのための用意は万全にしておき、即座に対応したいですね！

実家へ出かけるとき

また、たまに実家に行く場合、赤ちゃんの排泄がどんな風だったか、おばあちゃんたちは忘れてしまっていることが多いようです。でも、おじいちゃん・おばあちゃんも、おまるやトイレで「やり手水」に成功すると、何回もさせてくれるようになることもあります。

室内の育児サークルへ出かけるとき

可能なときはホーローおまるを持ち歩きました。おまるがないときは、会場に到着したらまずトイレの場所を確認し、途中で抜け出しやすい所に陣取ります。会がはじまる前にオシッコさせておきました。いつオシッコ・ウンチが出ても即座に対応できるよう、心づもりをしているとあわてません。

レストランへ行くとき

レストランでは、おむつをしておいたほうがゆっくり食事できると思いますが、時と場合によるでしょう。赤ちゃんがしたそうになったとき、どうしてもトイレに連れて行きたいと思うなら、連れて行ったらいいと思います。そのためにトイレのそばに座るかどうか、もうこれはお任せします。

ホテルや旅館に泊まるとき

　旅館に何泊かしたとき、車移動だったのでホーローおまるを風呂敷に包んで持ち込んだことがあります。

　布おむつ数枚とおむつカバー、それに紙おむつを少なめに持って行きました。おむつは「少なめ」に持って行くといい、と聞いていたので、そうしてみました。おむつが少ししかない、という危機感は、ほどよい緊張感となり、ほとんどおまるやトイレでさせることができました。

　それでも、紙おむつも併用したらとても便利でした。捨てることができたし、驚くほどの吸収力なので、２～３回オシッコするまで待っていたりしました。

　でも、紙おむつを使うと、紙だからいいか～と、とたんに赤ちゃんから意識が遠のきました。おむつの状態しだいで、意識が大きく変化するので驚きます。

トイレのない野外へ外出するとき

　トイレがないなら、野ション。野原もないなら、携帯トイレを持ち歩けば、バッチリ！　それも無理ならおむつを使いましょう。

　まず、出かける前にオシッコさせておき、トイレがあったら、出なくてもとりあえずさせておきます。それでも出そうなときは、携帯トイレになるものを持って行きます。

携帯トイレになるもの
- ・フタ付きのホーローおまる
- ・タッパーおまる
- ・ペットボトル（男の子の場合）
- ・ビニール袋に紙おむつを敷く

　人目が気になるし、どうしても無理、というときは、おむつに助けを求めましょう。

移動するとき

　赤ちゃんも緊張しているときは、オシッコをしない傾向にあります。バスや電車に乗るときはしないでいるのに、降りたらホッとするのかオシッコすることがよくあります。

　自家用車のときも同じで、移動中よりも、どこかに到着したとたん、したくなることが多いようです。トイレの場所をチェックしておきましょう。

長距離移動するとき

　車で長距離移動するとき、ホーローおまるをフタと一緒に持って行くと、高速道路などで渋滞に巻き込まれても安心です。フタがあるので、臭いが車内に充満しません。パーキングについたらトイレに捨てます。

　新幹線のトイレが満員のときも、困ります。それに何度も席を立つのはたいへん！というとき、もし人目のつかない席に座っているならば、フタ付きタッパーや、口の広めのペットボトルなどでさせると簡単です。ただし、男の子ならさせやすいのですが、女の子の場合は試してないのでわか

りません。

　飛行機にのるときは、のる前と、降りたらすぐに空港のトイレに連れて行って、飛行機の中ではしないんだよ、とお願いしておきます。それでも、ウンチが出る場合、トイレでさせて、座席で寝かせながらおむつをはめられると少しは楽です。でも混雑しているとき、そんなことはしていられません。おむつをする場合は、機内の狭いトイレで格闘するしかないのかもしれません。

長時間ドライブのときは
車内におまる

粗相したときの対処法

　できるだけ、おむつに頼らないで、おまるやトイレなどで排泄してほしいと思っても、粗相することもあります。そんなとき、どうしたらいいのでしょう？！
　あわてないように、子どもを怒ってしまわないように、次のものを備えておきましょう〜！

常備しておくお掃除セット
　雑巾、トレー２枚、クエン酸スプレー、ウンチ取り用のボロ布、ビニール袋などを常備しましょう。

雑巾
　吸水性、速乾性、用途、すべてにおいて輪おむつが最適。でも、床を拭くだけなのでなんでもいいです。

トレー２枚
　素早く移動するために必要。１枚には、きれいな雑巾２〜３枚とその他のおそうじセットを入れておく。もう１枚には、汚れたものを入れます。

クエン酸スプレー
　黄ばみ防止につくっておくと安心。水200cc＋クエン酸小さじ１杯を霧吹きに入れます。アロマテラピーの精油を入れている人も。クエン酸はスーパーや薬局で簡単に入手できます。

2章 おむつなし育児実践！やってみましょう

ウンチ取り用のボロ布など

古布（ボロきれ）をたくさん切って用意しておきます。市販のおしり拭きやトイレットペーパーも可。

ビニール袋

取ったウンチを入れるのに使います。

雑巾
輪おむつは　すぐれた雑巾

トレー①　必要なそうじ道具を入れておく
トレー②　汚れものを入れる

ボロ布、トイレットペーパーなど
ウンチ取り用

ビニール袋　取ったウンチを入れる。トイレに捨てられたらもっと簡単

クエン酸スプレー

お掃除セットの使い方

　　　オシッコのとき　①即座に雑巾で拭く。
　　　　　　　　　　　②クエン酸スプレーをして拭く。

　　　ウンチのとき　　①古布でできるだけウンチを拭き取る。
　　　　　　　　　　　②ビニール袋に捨てる。
　　　　　　　　　　　　（→しばってそのままゴミ箱へ。トイレットペーパー
　　　　　　　　　　　　　ならトイレに流せる。ウンチの状態による。）
　　　　　　　　　　　③水拭き、クエン酸スプレー。
　＊畳の場合、すぐに拭かないとシミになります。

粗相したときに大切なことって？

　赤ちゃんが粗相をしてしまったら、花瓶の水をこぼしたときのように「あらら〜」というくらいで、何事もなかったかのように冷静におそうじセットで拭きましょう。それだけです。怒る必要はありません。

　「粗相」は、赤ちゃんがオシッコしたいのに、気づいてあげられなかったママの負け〜。

　でも、いいんです。そんなこと、しょっちゅうあります。いちいち自分を責めていたら身がもちません。怒ってしまいそうなときは、おむつを使えばいいのです。

　「またこれで"内臓感受性"が一段と高まったわ〜！　よかったね〜！！」と前向きに喜びましょう〜！

　「内臓感受性」について詳しく知りたい人は、『内臓のはたらきと子どものこころ』をみてください。

オシッコの量ってどれくらい？

　赤ちゃんの1回のオシッコはどのくらい出るのでしょう？

　わが家の場合、50～100cc（1／4～1／2カップ）くらいでした。個人差がありますし、気候や体調によっても変化します。

　50ccくらいだと少ない感じがします。まめにオシッコさせすぎていると、膀胱がきたえられていないのでは、とたまに思います。いっぱいためられるようになるといいですね。

　ちなみに大人は、これも個人差が大きいのでいちがいには言えませんが、400～600cc（2～3カップ）だそうです。

修行僧になってみる

　粗相のたびに、「オシッコはトイレやおまるでするんだよ」と、一応、指導してみましょう。そのうち、一人で決まった場所に行ってしてくれるようになるはず、と期待しましょう。

　そういう私も、次男が2歳1ヶ月になったときでさえ、自分のことに夢中で子どもを見る気がないとき、連続で何回も粗相されて怒っちゃったりしました。自分に怒ってるのか、何に怒ってるのかわからなくなったりして。そういえば、0歳の冬は、怒らないように忍耐するうちに、修行僧になった気がしたこともありました。

　連続で粗相されても、スカートにかけられても、怒らないようにするには、考え方を変えて、直球をかわし、まともに向き合わないようにするとか、ある程度、鈍感になるとか、いろいろな基準を甘くするなど……。もう、修行みたいですね。

水になる練習をしよう

　お気に入りの修行の一つに、「水になる練習」というのがあります。

　カチーン！とくるようなことがあったとき、自分が固い壁のようになっていると、カーンと同じ力で相手にはね返ってしまいます。

　でも、水のようになっていると、カチーンと飛んできても、ポチャーンと飲み込んで沈んでしまいます。すると、相手も気が抜けてしまいます。こちらははじめからはね返す気がないので怒らずにすみます。

　これは、育児中に受講した「ゆる体操」教室の先生が言っていたことです。身体をゆるめていると、心も柔らかくなるそうです。

体育会系おむつなし

　床に粗相されないように、「おまる・いやいや期」（「自分でするの好き好き期」）には、赤ちゃんの行く可能性のある部屋のいろいろなところに、おまるやタッパーなどの容器を常備。オシッコが出そうになるとサッと容器を差し出してオシッコキャッチの練習！

　反射神経と鋭い直感が求められます。体育会系の練習のようです。

「おまる・いやいや期」のとき

　おまるやトイレで排泄するのを抵抗されたら、「今はしたくないんだね」と言って、その気持ちをわかってあげる。これで、コミュニケーション成立！と前向きに考えましょう。とくに「おまる・いやいや期」は、成功率など気になさいませぬよう……。

2章 おむつなし育児実践！やってみましょう

　いやいや期のときは、ちょっとしたことでしてくれることもあります。

　たとえば、オシッコする向きを変えただけでしてくれるようなこともあります。今までトイレでタンクのほうを向いてしていたのに、ある日、突然いやになり、座る向きを逆にして、ドアの方を向いてさせただけで、すんなりしてくれるようなことがありました。または、今日はどうしても立ってしたい、とか、お風呂場がいい、とか赤ちゃんなりのこだわり（？）が、出てくるようです。

トイレで座る向きを逆にしただけで出るようになったりする。

デリケートなのね…

わが家は生後６ヶ月から13ヶ月くらいまで、８ヶ月間も（！）「いやいや期」が続きました。秋〜冬の季節でした。

　逆に考えれば、自分でどうしたいか、しきりにアピールしていたのですね。健全な成長です。この時期を「自分でするの好き好き期」と呼ぶ人もいます。

　でも、１歳の春になると、急に好転しておむつなし育児がしやすくなりました。そのころから、昼夜とも、おむつを使うのをすっかりやめました。個人差がありますが、歩きだしたらおむつなし育児をしやすくなったという人が何人もいます。

　「いやいや期」のときは、そんなときがくるまで、果てしなく長く感じるかもしれません。でも、必ず楽になる時期がやってきます。「いやいや期」は、そのための長い助走期間なのかもしれませんね。それに、あれこれ工夫する楽しみが見つかります。させる場所を工夫したり、服装を工夫したり、あきらめの境地を悟ったり、いろいろ試してみてくださいね。

人にあずけるとき

一時的な託児

　せっぱつまってしまったとき、おでかけのとき、息抜きのときなど、数時間だれかに見ててもらうような場合、私は、見てくれる人にやりやすいように、すっかりお任せしました。

　２歳くらいまでは紙おむつと布おむつとパンツを持って行って、すべての選択肢を差し出し、ご都合のいいものを使ってください、とお願いしま

した。

　あずかってもらうのは、数時間のことでしたし、たまにのことだったので、そこでおむつなし育児のことは言いませんでした。ただ、「いつもはおまるやトイレでさせるようにしてるんです〜」とボソボソつぶやいたり、どのくらいの頻度で排泄するか、また最後におしっこしたのは何時くらいだから、たぶん、次に出るのは何時くらい、ということは伝えておきました。

　私はシルバー人材サービスのおばあちゃんたちが預かってくれる託児所をときどき利用させていただきました。次男が1歳半のころ、おまるでさせる話をしていたら、80歳くらいのおばあちゃんたちが、立ちションの上手いさせ方を教えてくれたことがありました。そのとき、なんだかとてもうれしい気持ちになったのを覚えています。母親世代は、粉ミルクと紙おむつの全盛期。理解を求めるのは早々とあきらめました。皆さんのまわりでも、80歳以上のおばあちゃんたちと意外と話が合う、なんてことがあるかもしれません。

保育園

　保育園によって、布おむつを使っているところもあれば、紙おむつを使う園もあります。たまに、早い時期からパンツをはかせている保育園もあるようです。

　0〜2歳のクラスは、10人の赤ちゃんを4人くらいの先生で見てくれます。一人につきっきりというわけにはいかないのが現状です。おむつなし育児は、赤ちゃんを一人の人間として排泄のときも尊重したいという気持

ちの表れですが、集団生活の場では、物理的な限界があります。先生たちは子どもを大切にしてくれるので、たとえ保育園ではおむつなし育児ができなくても気にせず、家で見てあげられたらそれでいいかと思います。

でも、中には、理解のある先生がいるかもしれません。おむつなし育児の会を開いていると、ときどき育休中の保育園や幼稚園の先生が赤ちゃんを連れて参加してくれます。
　もし、わかってくれそうな先生を見つけたら、入園後１～２ヶ月して慣れてきたら、「今朝はおまるでウンチして気持ちよさそうでしたよ～」とか、「夜中もオシッコを３回もおまるでしたので乾いたまま朝を迎えましたよ」などと少しずつ報告してみたり、新聞や雑誌の記事をこっそり手渡してみたりするのもいいかもしれません。
　ただ、わかってもらえたとしても、保育園には一日のスケジュールもありますし、先生の数にも限りがあります。そんな人のためには、「パートタイム」や「時々やる」おむつなし育児というやり方があります。一日のうち、数時間だけ、あるいは週末だけ、できるときに家でおむつなし育児をするのです。すっかりあきらめて、赤ちゃんの排泄にまったく無頓着になってしまうよりははるかに優れた解決策です。たとえ、おむつにばかり出てしまうとしても、出たらその直後に取り換えてあげるといいようです。「おむつなし育児の気持ち」で接する時間を少しでも持てたらいいですね。

3章

おむつなしグッズあれこれ

おむつなし育児で活躍！いろいろなおまる

　おまるにもいろいろな種類や形があります。おまるを赤ちゃんの過ごす各部屋に置いておくとあわてずにすみます。おまるがなくても、工夫しだいで洗面器でも、段ボール箱に新聞紙を敷いたものでも、なんでもおまる代わりになります。

ホーローおまる

　一番便利だったのは、「ホーローおまる」。おむつなし育児の救世主のような存在です。

　直径20cmと22cmの2サイズあります。赤ちゃんの体型にもよりますが、20cmでたいてい間に合います。大きすぎると赤ちゃんのおしりが落ちてしまい、支え続けるのがたいへんです。

　0歳からおむつ以外のところでさせるようにしていると、しだいにおまるの出番も減って行きます。使い終わったら、ママの布ナプキンのつけおき容器にも使えます。

　ほどよい丸みのおかげで真横にしても逆流しません。新生児の1回分くらいのオシッコなら大丈夫です。

前にもふれましたが、赤ちゃんは、よくおっぱいを飲みながらオシッコしますが、そんなときも大活躍します。授乳しながらおしりの下に傾けて置けば、シャーーッとしてくれます。傾けて使えるところがポイントです。
　男の子の「飛びション」にも対応してくれます。上に向かって飛ぶオシッコも傾けて使えば、バッチリ受け止められます。小さいうちはおしりがおまるの中に落ちてしまうので、支えてあげましょう。

　色は、ベビーピンクとベビーブルーもありますが、オシッコやウンチの色をよく観察して、体調管理するためには白がおすすめです。今日のオシッコは色が濃いからもっと水分をあげよう、とか、血が混じってるけど体調崩してるのかな、とか、調整するバロメーターになります。
　他にもプラスチック製でかわいい色のおまるがたくさんありますが、中だけは断然、白がいいと思います。今日のウンチはつぶつぶだ、とか、ウンチが立ってる！とか、今日は２色に分かれてる、とぐろって本当に巻くんだ……！など、おもしろい発見があって飽きません。冬には、オシッコを捨てずに放置すると白濁することもあります。
　ホーローおまるは、オシッコやウンチをおまるの中に入れたままですぐに片付けないでおくと黄色くなったりしますが、茶渋と同じで、重曹をつけてこすれば瞬く間にきれいになります。
　また、ホーローおまるにはフタがついているので、長距離ドライブのとき重宝しました。狭い車内に排泄物の臭いが充満するのを防いでくれます。たかがフタ、されどフタ！

私は、こんなかわいいホーローおまるをこよなく愛するようになりました。ほどよい丸みといい、重みといい、申し分ありません。最高です。こんなおまるが存在してくれて、本当によかった。あまり気にいったので、ホーローおまるの帯留や、携帯ストラップやおまるのにおい袋もつくってみました。ホーローおまるが主人公の絵本やフェルト人形もつくっちゃいました。

ひそかな楽しみ

たんすの中には
おまるのにおい袋

おまるの帯留

ホーローおまる
型のクッキー
も 焼いちゃいました．

おまるの
携帯ストラップ

3章 おむつなしグッズあれこれ

　ホーローおまるは、「ホーローおまる」または「チャンバーポット」をキーワードに検索すると、ネットショップでいろいろ見つけることができます。お店によって異なりますが、20cmのフタ付きなら3000〜3600円。フタなしなら2000円くらいです。
　22cmのものは、雑貨屋さんの安いものなら1100円。しっかりしたものだと、フタ付きで3200〜3800円程度です。ベビーピンクとベビーブルーのおまるは4200円です（価格は2011年4月現在のもの）。
　『うんちがぽとん』という、ホーローおまるが出てくる絵本もあります。子どもに読んであげたら、真似をして、トイレで「オシッコ、バイバーイ、ウンチ、バイバーイ」というようになりました。

分離型おまる

　よくある従来型のおまるです。「取っ手と便座」「中の受け皿」「下の台」の三つに分かれます。上の子のときから家にあったので、次男が生後1ヶ月でおまるに初めてさせたときは、これを使いました。受け皿がとりはずせるので洗うときに便利でした。
　2歳になってからは、オシッコしたいと一人でトイレに行くので、「下の台」をさかさにして、踏み台として使っています。安定感があって安全です。「取っ手と便座」はトイレの補助便座として使用します。

ベビービョルンのおまる

　座ったとき、安定感があります。でも、傾けて使うことができないので、たまに行く部屋の予備に使いました。男の子の飛びションは飛ぶ方向に気をつけないと飛び出しそうになります。

　背もたれがついているものもあります。

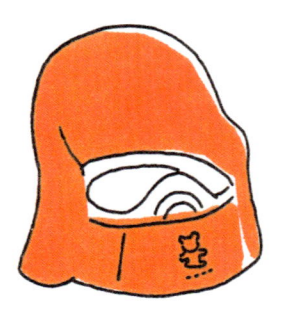

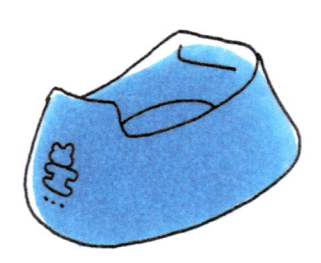

IKEAのおまる

　980円（同じものをネットで299円で見つけました）。

　カラフルできれいな色が6色もそろっています。

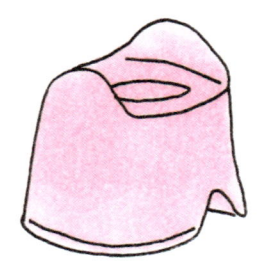

100円ショップのおまる

100円のものと200円のものがあるようです。200円のほうにはフタがついていました。ちょっと漬け物用の容器みたいな雰囲気です。200円のものしか見たことがないのですが、意外に大きかったです。

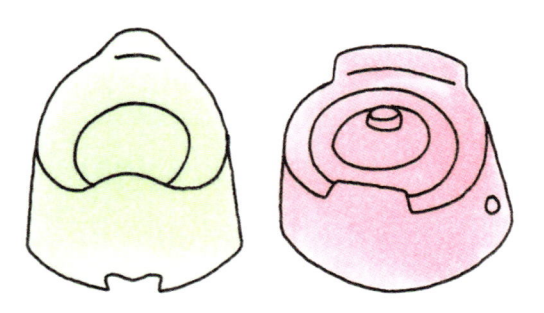

中が透けて見えるおまる

ほかにも、中が透けて見えるおまるなんていうものもあります。オシッコ出たかなーとのぞき込まなくても見えます。カナダのおむつなしサイト「Continuum-family.com」で売られています。

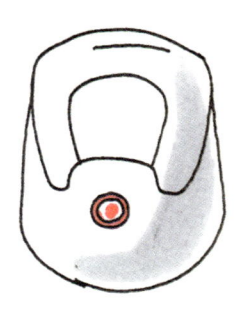

携帯おまる

こちらも、「Continuum-family.com」で。プラスチック製で軽くて手軽です。ドライブのときなど、持ち運びに向いている軽さです。

ただ、夜中にオシッコを2〜3回分ちゃぷちゃぷとためた朝、あまりにも軽すぎてひっくり返してしまったことが……！　ほどよい重さも必要ですね。

直径が小さいので、男の子の「座りション」にはあまり向きません。でも、立ちションキャッチには使えます。下に穴のあいていない植木鉢みたいな形です。

タッパーおまる

携帯用なら、フタ付きのタッパーが便利。ただし、フタがきちんとしまる質のよいタッパーじゃないと、カバンに入れて持ち運ぶときに漏れちゃって、カバンの中がトホホ……となります。おまるにするからと、安いタッパーを使うとたいへんなことに！

いろいろ試してみましたが、最終的には「タッパーウェア」というメーカーの小型タッパーを使いました。育児サークルやトイレに抜け出しにくい場所などで、重宝します。最大容量200ccの小型なので持ち歩きやすい大きさです。でも、くれぐれも台所には置かないように注意！　キッチン用のタッパーと間違えて使ったらたいへん！

使ったことはありませんが、ペット用の折りたたみ式「ぺたんこボウル」も、フタなしですが、携帯によさそうです。ネットで700円くらいで売られてます。

3章 おむつなしグッズあれこれ

＊ フタ付きタッパー

＊ ペット用折りたたみ式タッパー

タッパーおまる

和式のホーローおまる

昭和レトロな和式のホーローおまるもあります。現在は生産されていないようですが、ときどきオークションに出ています。

ペットボトル

男の子なら、非常事態にはペットボトルも使えます。新幹線の中でトイレが混んでいるときなどに、人目を隠れてこっそりさせて、フタをしめて持ち帰ります。

フタ付き容器

水もトイレも使えないようなとき、お惣菜やキムチの容器なら、口が広いので女の子にも使えます。フタのついたバケツがあれば何日も使えるでしょう。

ビニール袋＋紙おむつ

　生後6ヶ月のとき、ホテルに宿泊しました。夜中、「授乳おまる」をするとき、ゴミ箱をおまる代わりに使いました。部屋にあったゴミ箱の中にビニール袋を入れて、そこに紙おむつを敷いてさせたら、ウンチが出ました。すごい吸収力なので1枚の紙おむつの上に数回させることができました。

　後でクルクルと包めば、ふつうの紙おむつのゴミと同じになります。最終的な見た目は紙おむつと同じでも、空中でさせたほうが、おしりを拭くのは、ずっと楽ちん！　赤ちゃんも気持ちいい！

　結局、なんでもいいんですね。昔は段ボール箱に新聞紙を敷いてさせていた、という話も聞きました。

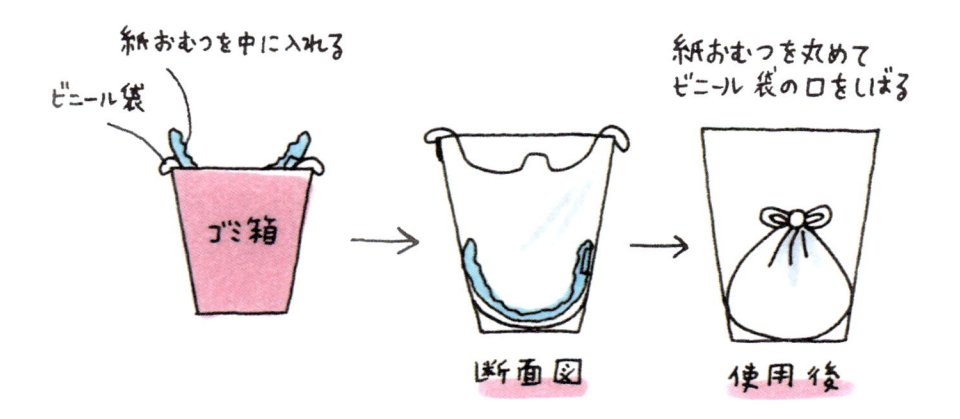

水を使わないトイレ（穴あき椅子トイレ）

　椅子に穴をあけて、フタができるようにして、下にバケツを置いただけのトイレです。

　水洗トイレの水も高くてもったいないし、森の中などで暮らすには、こんなのが便利だそうです……。ルイ14世のトイレも、これをもっと豪華にしたようなものだったように記憶しています。しくみは同じ。なんてエコ……！

土にもどす

　穴あき椅子トイレのバケツの中身は土にもどします。行き着く果てはここ？！　だんだんおまるじゃなくなってきました。

　穴を掘ってさせるなら、15cm以上掘ると微生物が分解しやすいそうです。

便利なおむつなしグッズ

おしりまわり

●布おむつ

　日本で昔から使われている「輪おむつ」。「さらし」と「ドビー織り」があります。いずれも薄手なので、すぐに乾きます。抱っこやおんぶしているときや夜中でも、濡れているかどうか、おむつを見なくても触るだけでわかります。

　ほかに「成形おむつ」やヨーロッパ式の正方形のおむつもありますが、いずれも手持ちのものは厚手で乾きが遅かったため、ほとんど使いませんでした。0歳児の1回のオシッコの量は、それほど多くないので、おむつに出てしまったときも直後に外すようにしたら、輪おむつ1枚で大丈夫でした。

●レンタル布おむつ

　生後3ヶ月ころまで昼も夜も、レンタル布おむつを利用しました。洗濯してきれいに折りたたんだ布おむつが毎週届けられました。

　私がお世話になったのは、大阪の布おむつのレンタル会社「ニック」。京都市のあゆみ助産院でも入院中使っていたので、同じところにお願いしました。きれいにたたまれた大判さらしおむつが1袋に10枚入っていて、汚れたおむつと入れ替えておきます。週1回交換にきてくれました。値段も紙おむつを買うのと同じくらいだったと思います。

　自分で洗わなくていいので、ちょっと濡れただけで、どんどんおむつを換えさせていただきました。マジックテープ式ウールのおむつカバーも一緒にレンタルしました。ありがたいシステムでした。

●おむつバンド

　月齢の低い赤ちゃんは、１日に25～30回もオシッコします（個人差あり）。そのたびにおむつカバーを外して、はめて、外して、はめて……と繰り返すうちに、だんだん面倒くさくなって、そのうちおむつカバーをはめるのがおっくうになります。

　そんなとき、登場するのが、「おむつバンド」！

　素材は、赤ちゃんの肌に合うものであれば何でもいいのですが、ウールが一番のおすすめです。綿やバンブー、フリースのものもあります。

・綿・バンブー

　オシッコが１回でもつくと、濡れて乾きにくいので取り換える必要があります。

・フリース

　フリースは水をはじくので、少しくらい汚れても拭き取れば大丈夫。ウンチも落ちやすいので便利です。でも、赤ちゃんに化繊をつけさせることに抵抗がある人もいるかもしれませんね。

・ウール100％

　素材自体に自浄作用があります。水をはじくので、オシッコが少しくらいついても拭き取れば大丈夫。ウンチも落ちやすい！　お日さまに干しておけば臭いも取れます。

　夏はさらさらのサマーウール、秋冬にはふかふかのウールが向いています。

　ウールは、おむつなしグッズに好都合な素材です。赤ちゃんのスカートやおねしょシーツ、おむつカバーなどにしても扱いやすいです。

おむつバンドの使い方

①おむつバンドをウエストにはめる（下から足を通す）。
②4つ折りにした輪おむつをはさむ。ふんどしみたいにはさんで着用。

おむつバンドのいいところ

・オシッコが出たら手に取ってわかるので、輪おむつに出てしまっても直後に取ってあげられます。出た後、赤ちゃんが自分で外してくれることもあります。
・直後に取ってあげれば、赤ちゃんや季節によって違いはありますが、その後15〜30分くらい、おむつを外していても安心です。
・おむつ換えの格闘がなくなります。輪おむつの交換は簡単！
・赤ちゃんが自分でオシッコの出たのがよくわかります。
・オシッコが飛び散りません。

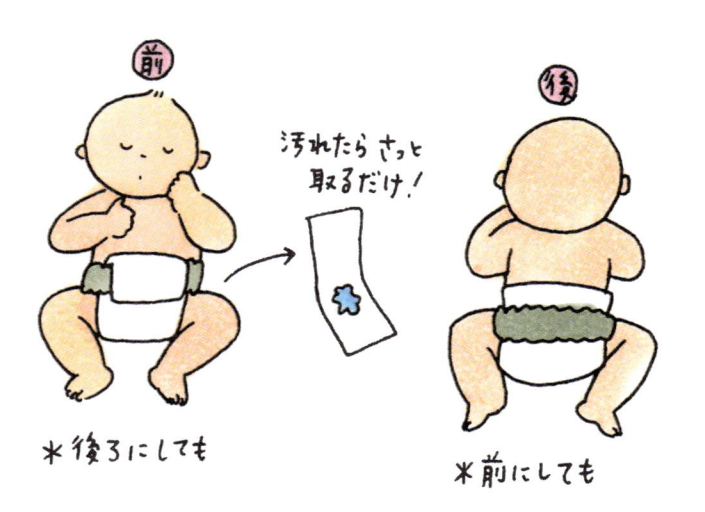

汚れたらさっと取るだけ！

＊後ろにしても

＊前にしても

おむつバンドの問題点

・ハイハイしだすと外れやすい。

・水っぽいウンチの場合、横漏れすることがあります。コロコロならころがり落ちることも。

すぐ外れてしまうときの対処法〜ハイハイし始めたら〜

（後）輪おむつを４つ折りにしないで、広げたままおむつバンドに外側からはさみこむ。

（前）輪おむつを３つ折りにして、ふんどしのように垂らす。または前後のはさみ方を逆にする。

こうすれば、ほとんど外れません！　でも、ガードが薄くなります。

●おむつバンドの作り方

60cm×８cmくらいの布（縫い代込み）を縫って、ゴムを入れます。

好みで幅を変えてください。輪にしてもいいし、スナップボタンをつけても。

サイズ調整付きのゴムを使えば成長に応じて縫い直さなくてすみます。マタニティや上の子のズボンのゴムに入っていたような使い込んだゴムのほうが、柔らかくて赤ちゃんにいい気がします。

細いゴムを２本、上下に入れるのもいいようです。

夏はメッシュの素材、冬は腹巻きと一体化させて……などいろいろ工夫できます。

買う場合は「おむつなし育児の店　トゥントゥンケ」の「こたん」、「ド

リームナッピーズ」、「マザリング・マーケット」(自然育児友の会) などのサイトで扱われています。

● モコミディ

おむつバンドに「垂れ」がついているので、さらしおむつだけよりもいくらか汚れが防げます。保温と多少の防水効果があります。

おむつバンドと同じ布で、「垂れ」を縫いつけました。「垂れ」の両サイドにゴムを入れるのがポイント。ウンチの落下を防ぎます。中に輪おむつなどの吸収体を置いて使用します。使い方はふんどしと同じ。胴体に輪をはめて、垂れを前にはさむ。またはその逆(垂れを後ろにはさむ)。

フリースでつくってみました。

〈材料〉

おむつバンドの部分

　布　60cm×8cm、ゴム　30cmくらい(5mm巾)×1本

垂れの部分

　布　60cm×20cm、両サイド用のゴム　15cm(3mm巾)×2本

　(両サイドのゴムは、股の付近にのみ入れる。)

秋冬の夜、大活躍しました。フリースだとウンチが簡単に落ちます。赤ちゃんが排泄意識を保てるようになるべくスカスカにはかせます。

●**分離型モコミディ**
　おむつバンドと「垂れ」の部分が離れている優れもの！　おむつ換えのしやすさはそのままに、ウールを2枚重ねることで防水効果がアップしています。スナップボタンでおむつバンドに垂れを取りつけて使います。「トゥントゥンケ」の「こたん」でつくってくれました。さらに、ウールとウールの間に防水生地を入れればおむつカバーと同じ防水効果がえられます。

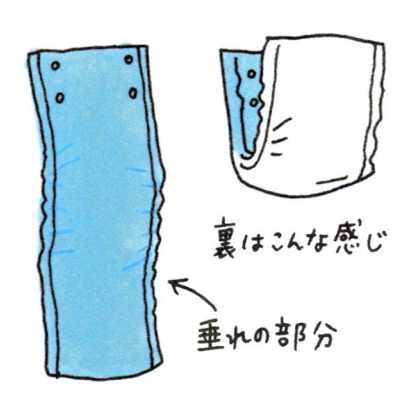

裏はこんな感じ
垂れの部分

3章 おむつなしグッズあれこれ

> **使い方**
> ①おむつバンドに、「垂れ」の片端をスナップボタンで固定する。
> ②「垂れ」に、さらしおむつを重ねておむつバンドにはさむ。

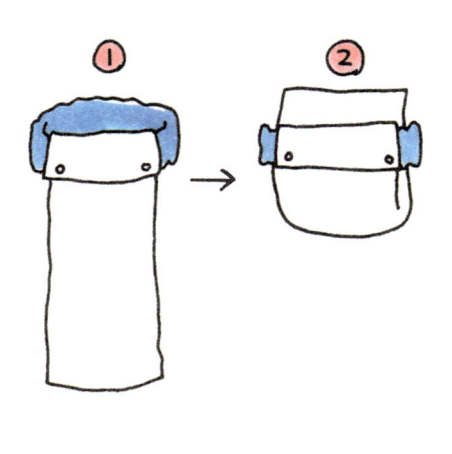

●タートルセーターのリメイク・モコミディ

　着なくなったタートルセーターの首の部分を活かしてつくりました。おむつバンドの部分が首です。腹巻きも一体型になって、おなかもポカポカです。

●セーターの袖でつくるおむつカバー

　いらなくなったウール100%のセーターを、高温で洗ったり乾燥機にかけたりして縮ませ、目をつまらせてから使います。

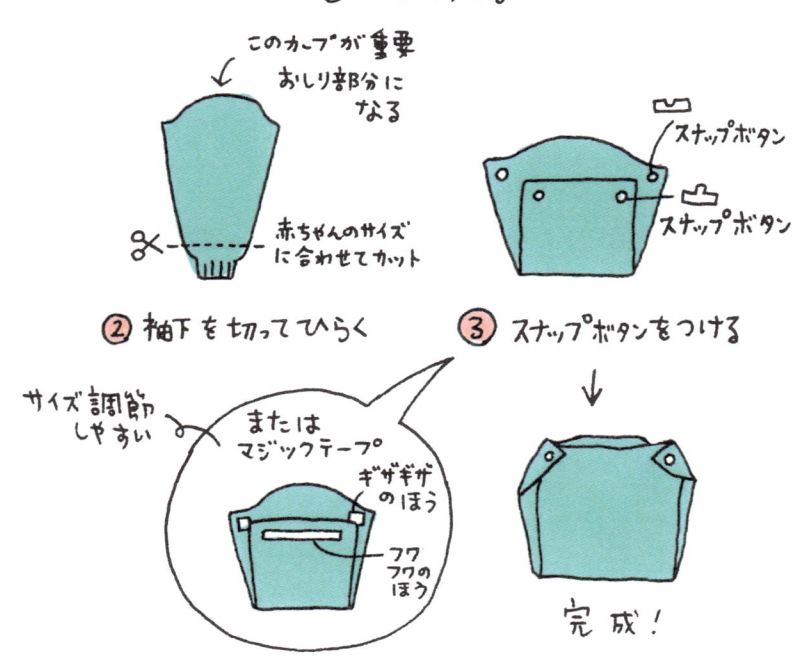

3章 おむつなしグッズあれこれ

●前あきパンツ
　別名：エカパンツ。別名その２：毛糸のパンツ＆おむつバンド＆モコミディ＆腹巻きの一体型パンツ。長い名前だ。
　ウールの産褥パンツのようなもの。「別名その２」の通り、毛糸のパンツのように暖かく、おむつバンドのように輪おむつをはさみ込み、モコミディのように「垂れ」付きで、腹巻きのようにお腹もポカポカ、という一つで何役も果たす贅沢な一品。ウールなので汚れもつきにくい。作り方は、『ビバ！布おむつ！！』に詳しく掲載されています。
　前をあけて排泄させたり、布おむつを交換したりできます。

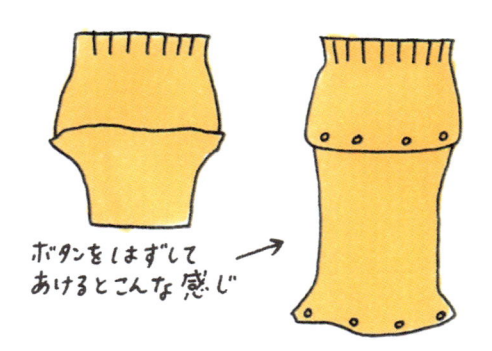

ボタンをはずしてあけるとこんな感じ

●エコニコパンツ

　ふつうのパンツより少し厚手の綿のパンツです。股のところが５重になっています。防水布は使われていないので、オシッコが出るとズボンも濡れてしまいます。たくさん出ると下に水たまりができます。肌触りもよく、股ぐりがスースーしています。

　75cmと80cmの２サイズがあります。

　たいへん使い勝手がよく、次男が１歳すぎてから、外出時はこればかりはかせています。

　これも「ドリームナッピーズ」で販売されています。

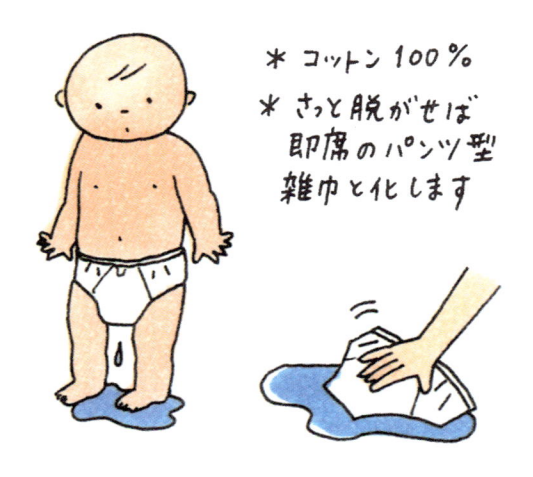

＊コットン100％
＊さっと脱がせば即席のパンツ型雑巾と化します

● ふんどし改造型パンツ

　このパンツのポイントは、股に布が密着しないことです。

　ふんどしだと、いちいちヒモを結ぶのがわずらわしいし、２歳の子が自分で脱ぎ着するのは不可能です。そこで考えたのが、「ふんどし改造型パンツ」。ふんどしとモコミディを組み合わせたようなパンツで、股下がスカスカするように、ふつうのパンツより、５cmくらい垂れ下がるようにしました。これで股の通気性はバッチリ！　目的は、大事なところを怪我から守ること。

　さて、はき心地は……？　あまりはいてくれないんですよね……

＊80cmのエコニコパンツと比較

● ふつうのパンツ

　上の子のパンツもいっぱいあるし、大事なところを怪我しないように、とはかせました。手軽です。

● 防水カバー

　通気性抜群の超軽量防水パンツを見つけました。漏れが心配なとき、おむつやパンツの上からはかせられます。素材は、ポリエステル50％、ポリウレタン50％。通気性のいい、パンツの雨合羽とでも言えましょうか。

　超軽量防水カバーはディサナ社から販売されています。

● ウールカバー（ウールパンツ）

　パンツのようにはかせるタイプのウールのおむつカバーです。ボタンがないので脱ぎ着が楽ちん。夏でもサラッと通気性がよく、オシッコはウールの繊維が閉じ込めてくれるので漏れないし、ウンチがつかない限り洗わなくても陰干しするだけで大丈夫だそうです。動きが激しくなった赤ちゃんには最適とのこと。あぁ、もっと早く知っていたら使いたかったな～！

　ウールカバーは、パンツとして直接はいても、布おむつ（輪おむつ）をはさんで使うこともできます。輪おむつを併用するときはおむつバンドで留めて、その上からはくとズレにくい。

　またふつうのパンツやトレパンの上から毛糸のパンツのようにはくのもいい。ネットショップの「布おむつ販売　ルーピスト」や「ドリームナッピーズ」等で扱われています。

　オーガニックウール100％のものや、目のつまったフェルト状のものなどが海外のメーカーから出されています。

ディサナのウールカバーは
オーガニックウール100％。
脚周りもフィットする。

3章 おむつなしグッズあれこれ

● ウールのロングパンツ

腹巻きとレッグウォーマーが一体化したようなウールパンツもあります。

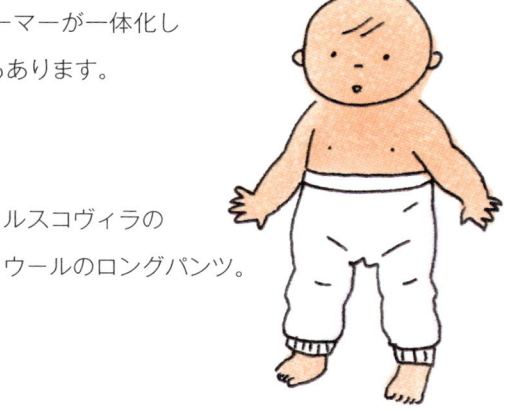

ルスコヴィラの
ウールのロングパンツ。

ウール製品の利点

・温度と湿度を調整して適度に保ってくれる。
・抗菌・消臭作用がある。天然素材。
・天然の防水機能と吸収力。
・通気性がいいので、夏でも蒸れにくく、臭くなりにくいので使うたびに洗わなくてもいい。

ふだんのお手入れは、オシッコで濡れたらそのへんに干しておけばよいのですが、ネットショップによれば、汚れが気にならなければ洗濯は2週間に1回ぐらい、ラノリン処理（天然成分のラノリン（羊毛脂）に漬けることで、防水機能を回復）は4～6週間に1回ぐらいで十分だそうです。ラノリン入りウール用石けんを使うと、お手入れが簡単です。

その他の便利グッズ

●ホーローおまるの便座カバー

ホーローは冷んやりするのでカバーをつけると快適です。とくに秋〜春は必需品！　ウンチやオシッコのつきにくいウールやフリース素材がおすすめです。初夏や秋口にはサマーウール。

ホーローおまる便座カバーの作り方

材料 ・布(フリースかウール)・ゴム

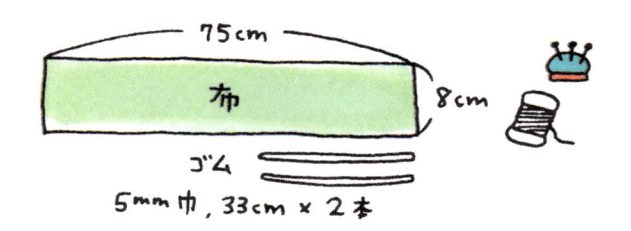

布 75cm × 8cm

ゴム 5mm巾, 33cm × 2本

① 輪にする

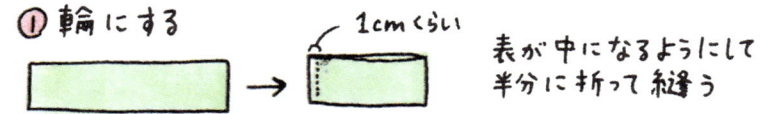

1cmくらい

表が中になるようにして半分に折って縫う

② ゴム通し穴を上下につくってゴムを入れる

裏　裏

ここも縫っておくとゴムが通しやすい

③ ちくちく縫う

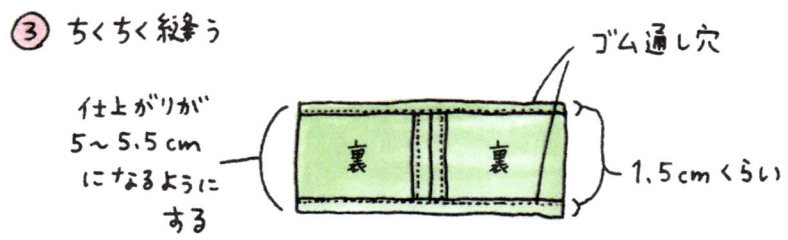

ゴム通し穴

仕上がりが5〜5.5cmになるようにする

裏　裏

1.5cmくらい

＊ まだ赤ちゃんが小さくて便座の穴を小さくしたいときは仕上がりを少し広い幅(6〜6.5cm)にする

これをつくる前は、さらしおむつを折って、上から大きなゴムをはめて使っていました。でも、これだと汚れるたびに洗いたくなってしまい、面倒でした。木綿は肌触りがいいのですが、便座カバーには不向きでした。

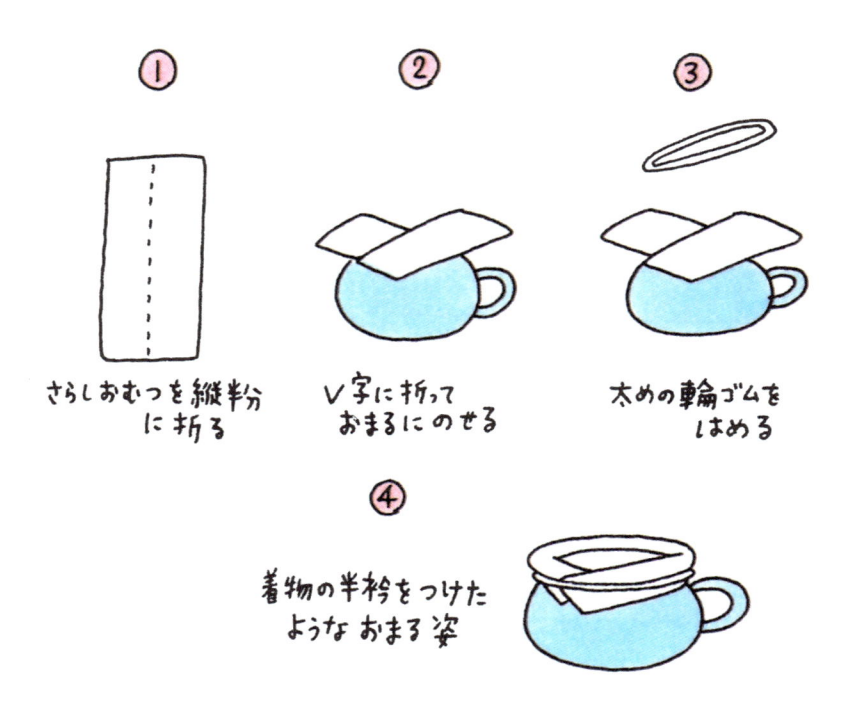

① さらしおむつを縦半分に折る

② Ｖ字に折っておまるにのせる

③ 太めの輪ゴムをはめる

④ 着物の半衿をつけたようなおまる姿

●ホーローおまるのすっぽりカバー

　ホーローは、冬、冷たいのが難点です。ママも赤ちゃんも辛いので、カバーをつくってみました。

　取っ手まで冷たいので全部覆えるようにしました。便座カバーとおそろいまたは色違いにするなど、コーディネイトすると楽しい。何か大きめの厚手の布があれば、上のほうにゴムを入れるだけです。大人用の毛糸のパンツをすっぽりかぶせている人もいました。

ホーローおまる すっぽりカバーの作り方

材料　・布（43cm²）　・ゴム（33cm、5mm巾くらい）

＊フリースだと端の始末をしなくていいので楽。
　上下のない模様の布を使う。

① 四隅を切りおとして丸にする

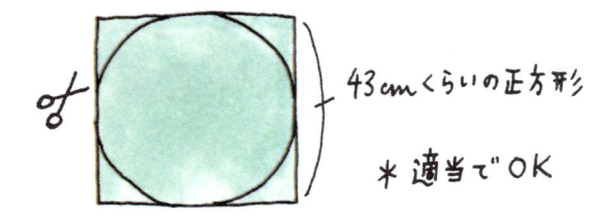

43cmくらいの正方形

＊適当でOK

② ゴム通し穴をつくってゴムを入れる

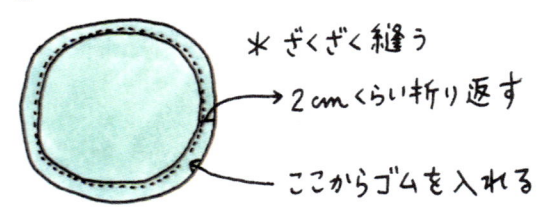

＊ざくざく縫う
→ 2cmくらい折り返す
→ ここからゴムを入れる

③ 完成！

シャワーキャップみたい
帽子にもなる（？）

　また、「こたん」のすっぽりカバーは、ナチュラルでキュート！　ホーローおまるの取っ手と底をかたどり、異なる色の布でつくられています。いらなくなったウールのセーターをくみあわせてあります。

ベビービョルンのおまる用にもすっぽりカバーがあります。カナダのおむつなしサイト「Continuum-family.com」で扱われています。

※ベビービョルンのほうが大きいのでホーローおまるのすっぽりカバーで代用はできません。

● ウール100％のシーツ

おむつをしないで眠る赤ちゃんのおねしょ対策のウールパッドです。ウール100％の布を布団の上に敷きます。羊毛でできているので、2週間に1回くらいラノリン（羊毛脂）に浸せばいいそうです。でも、実際は、何ヶ月間もラノリン浴もせず、洗濯もせずにいても大丈夫です。ウールは素材自体に自浄作用がありますので、毎日お日さまに干すだけで回復します。

私はドイツのディサナのものを愛用しています。100cm×140cmサイズです。大きいので寝相が悪くても安心。夏は暑いので、この上に涼しいシーツや寝ござを敷けば快適です。

布屋さんでウール100％の肌触りのいい布を買うという手もあります。150cm×100cmで足りますが、長めに２ｍ購入して半分に折りたたんで使うのもいいでしょう。切りっぱなしで大丈夫です。
　日中は広げてその上で遊ばせることもできますし、２〜３歳のおねしょ対策にも使えます。厚地で目のつまった布がおすすめ。布目が粗いときは、高温で洗い縮めてみてください。フェルトのような状態がベストです。お店やものにもよりますが、オーガニックウールでなければ1m 2000〜3000円くらいでした。端切れならずっとお得です。

●小便座布団
　まだ座布団１枚に入るくらいの小さな赤ちゃんの場合、オシッコがひっかかってもいい専用の座布団を１枚用意しておくと、あわてたりイライラせずにすみます。
　家にあるふつうの座布団です。１枚を小便座布団に使用、と決めて使いました。名前がちょっとよくないですね。臭ってきそうなので、違う名前をつけたいですね。
　赤ちゃん用の布団でも何でもいいのですが、座布団だと小さいので移動しやすいのが特徴。上に汚れてもいい布を敷いておきます。オシッコなどがついたら、それだけ洗います。

●おむつなしエプロン

　赤ちゃんはママの膝の上で粗相してしまうこともあります。そこで、服を汚されないように、「おむつなしエプロン」を考えたママがいました。ビニール布を切って、半分にしたバスタオルと重ねて縫い、ヒモをつけてあります。家事の最中に手を拭くこともできる便利なタオルエプロンです。

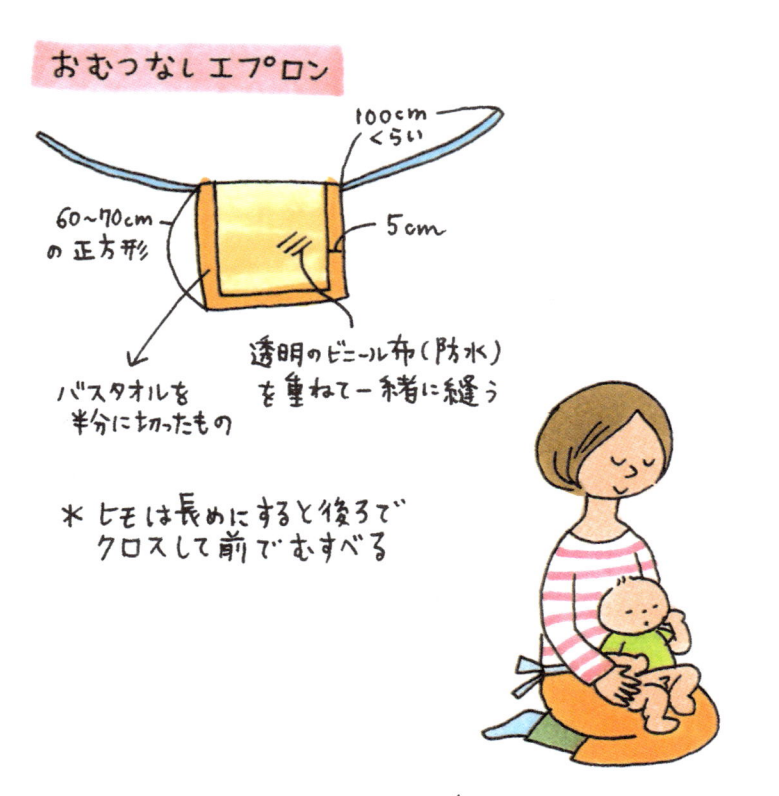

おむつなしエプロン

- 100cmくらい
- 60〜70cmの正方形
- 5cm
- バスタオルを半分に切ったもの
- 透明のビニール布（防水）を重ねて一緒に縫う

＊ヒモは長めにすると後ろでクロスして前でむすべる

座ると膝がすっぽりかくれる
膝の両サイドもカバー

おむつなし育児の赤ちゃんの服装

　おむつなし育児をする赤ちゃんの服装は、どんなものがいいでしょうか。ポイントは、簡単に排泄できること。赤ちゃんがオシッコしたくなったとき、いかに素早くオシッコさせられるか、赤ちゃんが自分でしやすいかどうかが問題となります。わが家の例を紹介します。

はだか
　はだかは服装か？！　と言われれば、困るのですが……。服を洗濯する必要がありません。できるときだけでも、はだかにしてみると、赤ちゃんの排泄リズムがつかみやすくなります。
　少し着てたほうが汗を吸い取っていいのでは？　冷えの問題は？　など疑問もありましたが、赤ちゃんも子どもも、はだかにするとなんだかうれしそうで、踊り出すことがよくあります。気持ちよさそうなので、暑いときはよくはだかのままにしていました。これで洋服を着せる格闘もなくなりました。
　食べ物や衣服はできるだけ自然な素材のものをと思いますが、絶えず吸い込んでいる空気もできるだけ加工しないでいれたらいいな、と思います。なるべく冷暖房を使わないように過ごしてみました。さすがに家の中で熱中症になりそうなほど暑いときは、エアコンをつけて、赤ちゃんは冷えないように服を着せました。

赤ちゃんは適応能力があるから、薄着で育てれば薄着の子になりますし、厚着の家の子は厚着になります。環境に適応できる丈夫な子になってほしいと思います。

　このころ、『自然育児・裸育児』（1997年刊、文園社）という不思議な本を読みました。また、『すっぽんぽんのすけ』（1999年刊、鈴木出版）という、はだかん坊の男の子が出てくる絵本もあります。すっぽんぽんのすけさまは言います。「おふろあがりは　はだかが　いちばん」！

Tシャツだけ

　はだかに次いで便利。オシッコやウンチが服にかからないし、したいとき、すぐに一人でもできます。

長肌着・長Tシャツ

　日本に昔からある長肌着は、着せやすく、日本の気候に合うだけではなく、おむつなし育児もさせやすい優れもの！　1〜2歳用の長肌着もあったらいいのになぁ。昔は子どももこんなの着て寝てたのかな。

　欧米のものは、長Tシャツ。丈が長く、くるぶしまであります。中は、レッグウォーマーにノーパン、または、おむつバンドに輪おむつを着用。

スカート

　おむつなし育児にスカートはとてもいい！　わが家は、男の子でしたが、スカートをはかせていました。家の中ならなんでもいいし、なんといっても便利。「昔は、体の弱い男の子に女の子の格好をさせて、悪いものから遠ざけたらしい」という話も聞きました。おむつなし育児をすると、自然と昔の知恵に触れる機会が増えます。

手ぬぐいスカート

　手ぬぐいなら赤ちゃんに丈がちょうどいいので、輪に縫って上にゴムを入れるだけで完成します。着物の下にはかせれば、裾よけにもなります。

　手ぬぐいを縫わずにただ巻きつけてスカートにすることもありました。端は、はさみこむか、おむつバンドで固定します。

浴衣の袖スカート

　大人の浴衣の袖をとって、横にして上にゴムを入れたスカートも簡単でかわいく仕上がります。

3章 おむつなしグッズあれこれ

浴衣の袖スカートの作り方

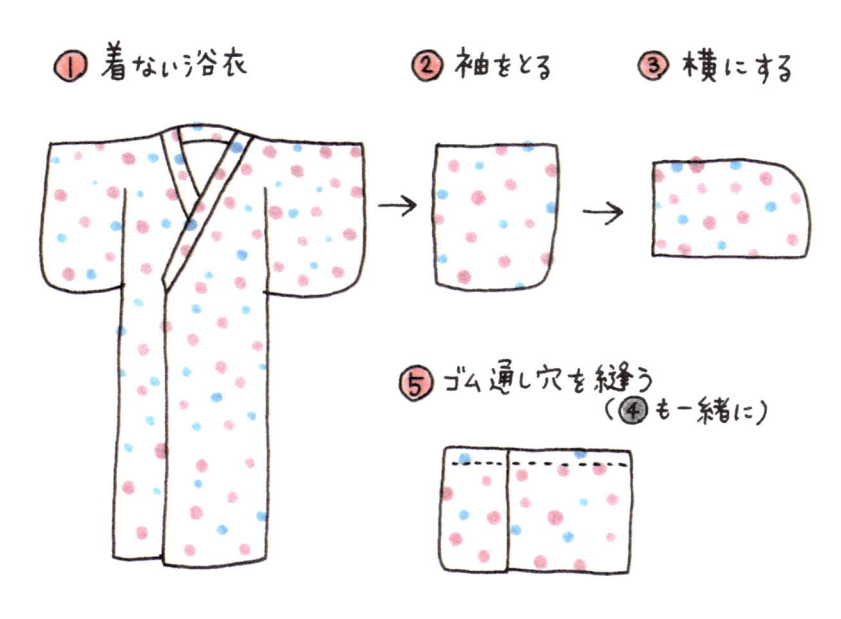

① 着ない浴衣

② 袖をとる

③ 横にする

⑤ ゴム通し穴を縫う
（④も一緒に）

④ 折ってとめる

できたとき巻きスカート風になるように折ってとめる。マチ針で♡と𝄞を仮留め

⑥ ゴムを入れて完成！

毛糸のスカート

　冬は、毛糸のスカートをはかせます。筒状に編んで、上にかわいい色のカラーゴムを縫い込みました。ウールはあたたかく、排泄物が落ちやすいので大活躍。フリースも暖かく、ウンチが落ちやすくて重宝します。

古セーターを改造したウールのスカート
　〜1枚のセーター（大人用）からスカートとズボンをつくる〜

両方の袖からズボンをつくる

胴体はスカートに

　リブ編みのセーターを選べば、細身だけどよく伸びるので、シャープな感じが男の子にもよく似合います。

着物

　おむつなし育児をするために男の子にスカートをはかせるのは2歳ころまでの密かな楽しみです。でも、やっぱり男の子だし、外出のとき抵抗を感じることもありました。かといってオシッコもすぐにさせたいし、どうしよう……というとき活躍したのが着物！

　えっ着物を着せるの？　男の子は活発に動き回るけど、着物で動けるの？　と思う方がいるかもしれませんが、昔はどの子どもも着物をきて遊んでいました。何の問題もありません。夏は着物の中をわきの下や裾から風が吹き抜け、秋から冬にかけては重ね着すれば暖かい。足元は「ミサトっ子草履」。かかとにゴムをつけて脱げにくくしました。慣れると上手にはいて遊んでいます。足と身体によさそうです。

　「おむつなしクラブ」では、排泄を中心に、赤ちゃんの身体の使い方を考えていくうちに、ママも着物で暮らしてみましょうということになりました。私も次男が生後11ヶ月のころから、なるべく着物で暮らすようにしてみました。私は和服なのに、なんで子どもだけ洋服なんだろう、と思い、赤ちゃん用に木綿の着物を何枚かつくってみました。

最初の1枚は型紙も使わずに適当につくりました。古着物のリメイク。やっぱり変だったので、その後は型紙を使いました。着物は、腰上げ・肩上げして着るので、1回つくれば3年は着れます。子ども服としては画期的なほどお得！

　右のイラストは1歳の夏用につくった"京都風"甚平です。腰周りが冷えないように下に腰巻きをはかせました。

　子どもの着物は買うこともできます。ネットから申し込んだら「染織こだま」さんなどでも仕立ててくれます。リサイクル屋さんにいけば1000円くらいで売られていることもあります。

　赤ちゃんの着物の下着は、上はVネックやタートルのTシャツ、下は手ぬぐいスカートを腰巻きとしてはかせました。脚は、レッグウォーマーで保温。寒いときは腹巻きも。帯は、私のスカーフやマフラーを使用。また夏は、帯のかわりにかわいい色の太めのヒモを縫いつけて結びました。

レッグウォーマー
　スカートや着物の下にはレッグウォーマーをして冷え対策をしましょう。かわいいのがたくさん出回っていますね。竹繊維の布でつくられた柔らかいものもあります。わが家では無印良品のレッグウォーマーを愛用していました。

おむつなしの冷え対策

レッグウォーマー

＊無印のが安くてかわいくてよく伸びたので
　よく使ってました

＊太もものつけ根まで
　上げてはく

股割れズボン

　股割れズボンとは、中国に伝わる幼児用のズボンです。

　上海に住む友人から送ってもらったところ、ふつうのズボンの股をほどいたようなものでした。大きいサイズしか売られていないらしく、裾上げして何年かはきます。経済的です。

　日本ではかせていると、公園ではすごく目立ちます。このズボンは身体にピッタリしないので、時によってはオシッコがズボンにつきがちでした。

もう1枚の中国の股割れズボンは、股のあき具合がちょうどよくオシッコやウンチがひっかかりにくいので重宝しました。「セルフおまる」（自分で勝手に座っておまるで排泄すること）でも大丈夫です。

股ぐりのカーブが重要。Tシャツ素材。

なんちゃって股割れズボン

　ロンパース（上下つながった幼児服。股の部分をあけてスナップ止めにしたものが多い）のボタンをはずして、足首のところだけ留めれば、「なんちゃって即席股割れズボン」のできあがり。

股割れタイツ

　タイツの股の部分を切っただけの「股割れタイツ」。寒いときは、この上にスカートや着物を重ねて着ます。

　股部分は小さめに切るのがコツ。切ったところからだんだん伸びてきますが、ひと冬は使えます。1歳の冬は、バザーで50円で買った120cm用のタイツを使いました。ジャストサイズのタイツより、大きめサイズのほうがよかったです。身体にピッタリ密着するので、オシッコがつきにくく、上にスカートをはけば、冬でも腰周りがポカポカです。

3章 おむつなしグッズあれこれ

＊密着するのでオシッコが
　つきにくい

＊上にスカートをはけば
　冬でも腰周りポカポカ

股割れタイツの作り方

バザーで10〜50円の新品タイツを買ってつくりました。
2サイズくらい大きめのを使ったらよかったです。

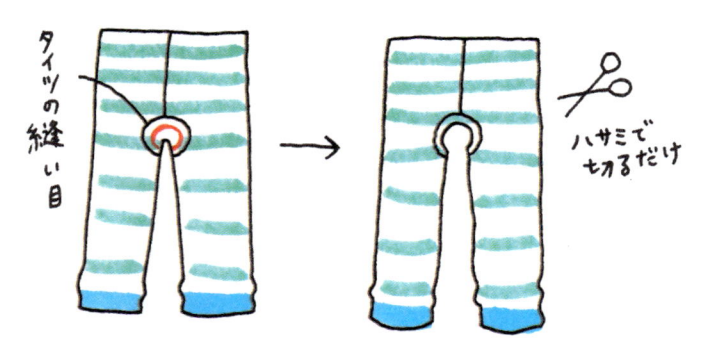

タイツの縫い目

ハサミで切るだけ

＊赤線部分を切ります。
＊穴は小さめに切ります。洗っているうちに
　切り口が伸びてきます。ひと冬しか
　もたないので安いので十分。

股割れ毛糸のズボン

　フランスのおむつなしサイト「Ecopitchoun」で紹介されていたズボンです。使ったことはないのですが、「股割れタイツ」を分厚くしたような感じだと思います。

　身体にピッタリするようなので、オシッコがつきにくそう。22ユーロ（＋送料）。オーガニックウール100％（2011年4月現在）。

パンタランジュ

　これも同じサイトで紹介されていました。フランスのおむつなしママが考えたもの。おむつバンドに脚がついているような感じ。股の部分に布がないので、ズボンを取り換える手間が省ける、とのこと。

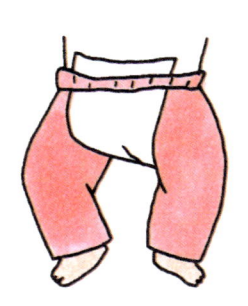

股割れ下着

ズボンの脚だけのような布を輪おむつの上からヒモで結びあわせます。

カバー付き股割れズボン

　おむつカバー付きのおむつなしズボンをつくってみました。カバーに布おむつをはさんで使うことができます。カバーはマジックテープで直接ズボンに取りつけます。マジックテープ式なので、脱ぎ着が簡単。

　小さいうちはズボンの裾にゴムを入れたまま、股割れズボンとして、大きくなったら、股割れ部分を縫いつけて、裾のゴムを取れば、ふつうのズボンとしても使えます。0歳から3歳くらいまではけます。直線に裁つので、オシッコがちょうどかかりにくいのがいい点です。素材は、できれば伸縮性のあるウール、またはフリース。暖かい季節にはダブルガーゼやニットもいいでしょう。

おむつなしズボンの作り方
（カバー付き股割れズボン）

<u>材料</u>
- 布（55cm×102cm）…フリースまたは伸縮性のあるウール100%
- ゴム 3本（ウェスト用 1本 33cm×5mm巾）
         （すそ用 2本 14cm×3mm巾）
- マジックテープ 2.5cm²×4つ

① 布を裁つ

脚Ⓐ 50cm（仕上り44cmくらい） 55cm 40cm（仕上寸法38cm）
脚Ⓑ 50cm 40cm
カバー 20cm / 20cm 40cm 20cm 2cm（切りっぱなしの寸法）

＊ほつれやすい布なら周囲にロックミシンをかける

② 脚を作る。中表にしてまん中より2cm下まで縫う

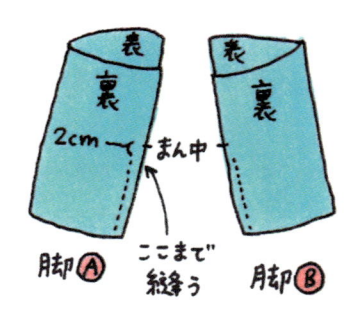

脚Ⓐ 表 裏 2cm ここまで縫う
脚Ⓑ 表 裏 まん中

3章 おむつなしグッズあれこれ

③ すそを縫ってゴムを入れる
股のところを折り返して始末する

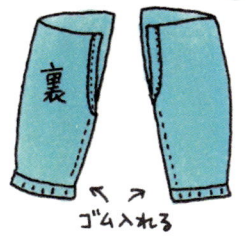

↓
ゴム入れる

※後ろ（おしり）の方が長く（55cm）なる

④ 脚Ⓐ とⒷ をつなげて
ウエストにゴム通し穴を縫う

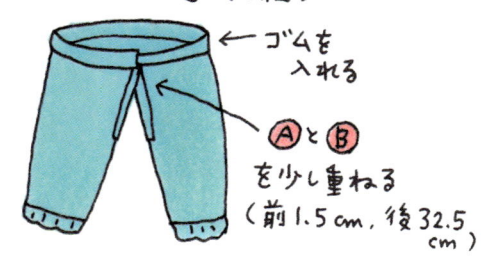

← ゴムを入れる

ⒶとⒷを少し重ねる
（前1.5cm、後32.5cm）

⑤ カバーの四すみにマジックテープをつける

ギザギザの面

40cm
裏
20cm

2cm巾の「布おむつおさえ」を上下につけると輪おむつがさらにズレにくい

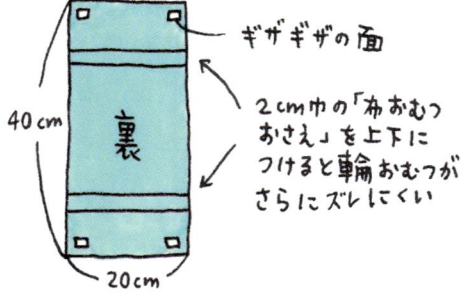

⑥ ズボンにもマジックテープをつける
前2つ、後3つ

フワフワの面

モロッコ風スカートズボン（手ぬぐい）

これはスカートなのか？　ズボンなのか？

性別不詳になれる「ちんちらパンツ」（横からすぐ出せます）。ポイントは、股を押さえつけないこと。成長は押さえつけてはいけない……との考えから、股も押さえつけないようなズボンをつくってみました。

手ぬぐい1枚でつくれます。おむつのはずれた1〜2歳の赤ちゃん向けです。手縫いでチクチク。小さくなったらほどけば、また手ぬぐいとして使えます。手ぬぐいの端は切りっぱなしで大丈夫。ほつれてきたら糸を何度か切っているとそのうち落ち着きます。ゴム通し穴は、適当に縫うのがコツ。

〈作り方〉
1. 手ぬぐいの左右を15〜16cmくらい折る。
    左右の折り目が反対向きになるようにする。
2. ウエストにゴムを通せるようにゴム通し穴を縫い、ゴムを入れる。
3. ヒラヒラしている布を、上から半分まで縫う。
    足を開いたときほつれやすい場所なので、下の方の縫い止まりを頑丈にする。

3章 おむつなしグッズあれこれ

モロッコ風 手ぬぐいズボンの作り方

材料 ・手ぬぐい1枚 ・ゴム ・糸

① 谷折りする

10cmくらい

＊手縫いでチクチク。
　ほどけばまた手ぬぐい
　として使えます

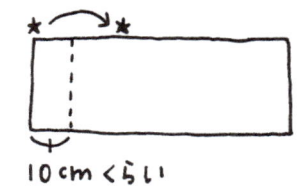

② 上に折り上げる（谷折り）

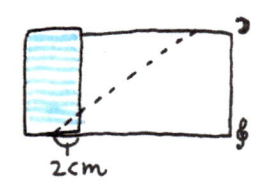

2cm

③ 反対側に折る（山折り）

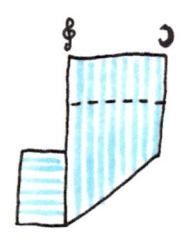

④ 1cmくらい折り返して縫って
　　ゴムを入れる

⑤ あやしいスカートズボン
　　完成！

モロッコ風スカートズボン（ふつうの布）

　手ぬぐいだと、身長85cmの２歳児には少し丈が短いので、ふつうの布でもつくってみました。手ぬぐいと違って、端も縫わなければなりません。

　〈材料〉布　115cm×45cm（縫い代込み）、ゴム

おんぶ・抱っこ

おむつなし育児をしているママたちの間で、おんぶや抱っこしている間はオシッコしない、という話をよく聞きます。それに、おんぶや抱っこで赤ちゃんを身にまとうように肌に近くつけていると、だんだん第六感が働くようになって、オシッコしたいときが何となくわかるようになってきます。

高い位置でおんぶ〜一本ヒモや兵児帯(へこおび)でおんぶする〜

ママと赤ちゃんの目線が同じになるくらいの高さにおんぶします。兵児帯や一本ヒモでのおんぶが話題になりました。しっかり身体が密着するので、赤ちゃんの揺れが少なく気持ちよさそうです。

ママと赤ちゃんの見るものも動作も一緒になり、より一体感を感じられます。「赤ちゃん、永遠に大きくならないでね〜」、と思える時間を過ごせます。

冬はこのまま上からママコートを着て、一緒に自転車に乗りました。首がすわったらこうやって自転車に乗ればすごく幸せです。

料理・掃除・買い物・散歩……。赤ちゃんはママの呼吸を感じながら、していることを全部見ていられるので、将来、よくお手伝いをしてくれる子に育つでしょう。脳の発達にもいいといわれています。ママが着物だと、帯の上に赤ちゃんが来るのでちょうどいい感じです。

　昔ながらのおんぶを胸の上でクロスして、最後にヒモをそのクロスした部分に下から入れます。こうすれば、おっぱいが真っ二つに分かれないので恥ずかしくありません。「さと式子育て（昔ながらの育児法）」というサイトを参考にさせてもらいました。ヒモをクロスするところからは、どなたかのアレンジです。
　ドイツのおんぶ・抱っこヒモ「ディディモス」のサイトも参考になります。結び方の映像がいくつも見られます。

3章 おむつなしグッズあれこれ

おんぶヒモのかけ方

① 赤ちゃんの両わきの下に。高い位置に固定

② 前でクロスして

③ おしりに左右からヒモをかけて

④ ヒモを前にもってきて下からクロスに通す

⑤ ぐっと下にひいてはさむ。

＊巾の広いヒモなら肩のところを広げると楽

一本ヒモは、ネットの「荒城おんぶ紐店」で買いました。兵児帯は3.5mくらいあればなんでもOK。男性の浴衣用の帯です。
　「北極しろくま堂」にも兵児帯おんぶヒモが売られています。
　こちらは長さが4.5mあるので前抱っこもできます。しかもお手頃。
　「北極しろくま堂」のサイトの「兵児帯の使い方」を見ると、抱っことおんぶの仕方がくわしく説明されています。

兵児帯で抱っこもできる

後ろで結びます

35cm

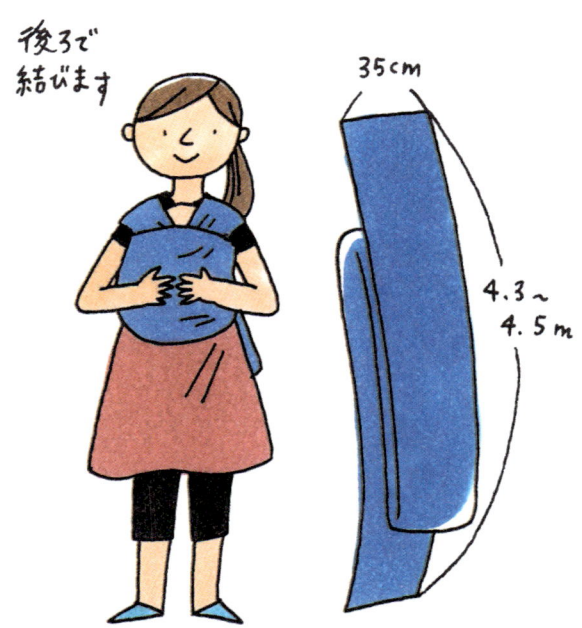

4.3〜4.5m

カンガルーケア続行！

　抱っこするとき、裸で密着して抱っこして、その上から服を着てみました。すると、赤ちゃんもママも幸せで満たされました。この幸せ感はいったいどこから来るのでしょう。

　カンガルーケアを産後直後だけに終わらせるのはもったいない！　という声が友人の間に聞かれましたが、本当にその通りでした。いつも赤ちゃんを身にまとうように抱っこやおんぶして過ごすことは、０歳のときしかできません。外の世界に興味をもつようになると、子どもは自然とはなれていきますし、体重もだんだん重くなって、そんなことはできなくなってしまいます。

　何にも妨げられることなく、動物の親子のように、本能的に赤ちゃんとのハネムーンを楽しめるのは０歳のときだけです。互いに心ゆくまで抱っこし抱っこされながらぬくもりを伝えあうことで、親子の絆はさらに深まることでしょう。

> コラム

「スターターキット」

　これまで見てきたように、おむつなしグッズにもいろいろありますが、おむつなし育児をこれから始めようという人のために、「スターターキット」（始めるときに必要なおむつなしグッズ）を考えてみました。はじめに何をそろえたらいいのでしょう、と悩んだら、こちらを参考にしてください。次男と試行錯誤したおむつなし育児の経験にもとづいて厳選してみました。

- 『やってみよう！おむつなし育児』
- DVD『おむつなし育児』
- ホーローおまる（直径20cm、白）
- 輪おむつ　10～20枚
- おむつバンド（ウール）2つ
- おしり下用の敷物（ウール100％）
- ホーローおまるの便座カバー（ウールかフリース）2枚（秋冬用）

※これはあくまでも一例にすぎません。始める月齢や季節・体型・好みに応じて対応してください。
※赤ちゃんの体型にもよりますが、1歳半をすぎたころから始めるなら、直径22cmのホーローおまるのほうがいいでしょう。

4章

長く続けるコツ

無理しない。おむつがある！

　夫の仕事が忙しくて、家事や育児を一手に引き受け、夜は授乳のために寝不足。しかも実家は遠くてすぐに頼れる人もいない。
　気がつけば、しばらく大人とほとんど話をしていない、心身ともにヘトヘト……。2〜3日どこか遠くへ一人で行ってしまえたらどんなにいいだろう……。
　そんなとき、赤ちゃんに洋服や床にドロドロのウンチをされてしまったら!!　ガーン!　何てこと!
　あぁ〜、私は何をしているのだろう。
　やっぱりおむつなしなんて無理だ。
　えーい、全部やめちゃえ〜!
　えぇーい、毎日紙おむつしてやる〜!

　と、破滅的な気持ちになってしまう前に、おむつを使いましょう。無理することはありません。
　今の紙おむつは高性能ですし、布おむつのカバーもかわいくて機能的なものがたくさん出ています。せっかくの文明の利器、ためらわずに使いましょう。おむつなし育児は、ママが元気を取り戻したら再開すればいいのです。
　赤ちゃんが混乱しないか、と心配する人もいますが、赤ちゃんは適応能力に優れているから大丈夫です。赤ちゃんは、ママにもっと人生の喜びを深く味わってもらうためにやってきたのです。紙おむつだって、布おむつだって、おむつなしだって、赤ちゃんは大丈夫です。

4章 長く続けるコツ

　それなのに、どうやったら赤ちゃんはもっと気持ちよく過ごせるかな〜、と考えて「おむつなし育児」に挑戦してくれているママは、もうそれだけですばらしいことです。排泄のサインがわかるか、おまるでの成功率が上がるか、そんなことは本当はどちらでもいいのです。
　赤ちゃんはどんなお母さんでもお母さんがそばにいてくれるだけでうれしい。お母さんのしてくれることをすべて受け入れてくれます。
　お母さんの方は失敗したと思っても、赤ちゃんは最初から全部許してくれているのです。

　おむつなし育児は、柔らかい関係を築き、母子が深く交わるための一つの手段に過ぎません。イライラと重荷を背負ったように感じてしまったり、周りの人に迷惑をかけてしまってまですることではありません。

おむつを使う

　心に余裕のないとき、多忙を極めるとき、外出や遠出のときなどおむつを使いたくなる場面は必ずおとずれることでしょう。そこで次に、おむつについて見ていきましょう。布おむつと紙おむつがあります。

布おむつ

おむつカバー

　今は布おむつのカバーもかわいいものがいっぱい！　海外のものや日本のものなど、進化しています。お裁縫する人なら、自分でつくっても意外と簡単にできるようです。

　作り方は、『布おむつで育ててみよう』に詳しく掲載されています。

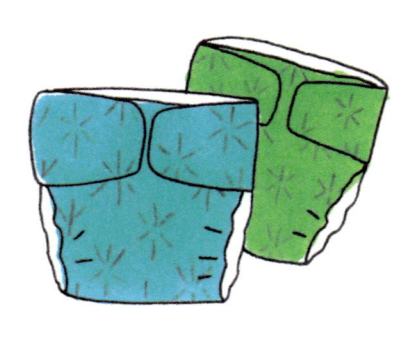

「よなべ工房」さんの手作りおむつカバー。和柄もあってかわいい。

友だちが着なくなったウール100％のスカートと、手ぬぐいを縫い合わせておむつカバーをつくりました。ウールなので汚れが落ちやすく、暖かい。0歳の冬にこんなのを使えたらいいなぁ。

輪おむつは優れもの
　さらしやドビー織りの輪おむつは、すぐ乾きます。それに適度な厚さが使いやすい。昔は、古くなった浴衣を分解してつくったそうです。草木染めをするのもいいですね。でも、色落ちしないようにしておかないと、後で洗濯がたいへんです。
　私は「玉ねぎ染め」をしたら、柔らかい色になったところまではよかったのですが、色止めに「みょうばん」を入れすぎたせいで、水をはじくようになってしまい、おむつの意味がなくなってしまいました……。それでまた、白いさらしおむつを取り出して使いました。

洗濯は最小限に
　布おむつだと洗濯がたいへん、と思うかもしれませんが、もしかしたら、洗いすぎているからたいへんなのかもしれません。なるべく洗わないでみたら……？
　赤ちゃんの1回分のオシッコはそんなに量も多くありません。1回汚れたら、そのへんにかけてお日さまにあててあげれば日光消毒になって乾きます。

２〜３回使って臭ってきたら洗う、というふうにすると洗濯が半減します。どうしても抵抗がある、という場合も、水ですすぐくらいでサッパリと数回は使えます。食事の始まらない赤ちゃんのオシッコは、まだそんな

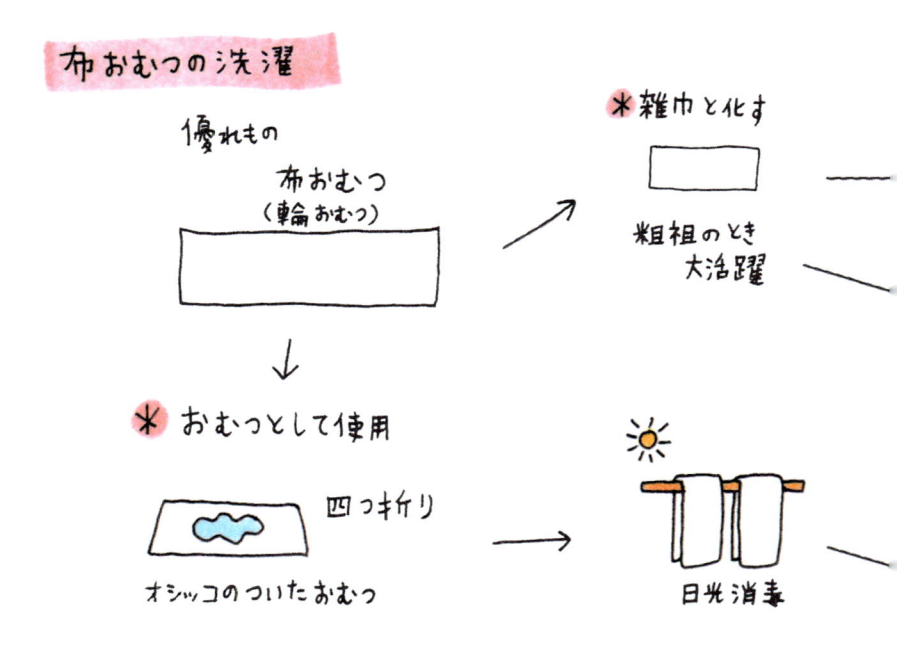

布おむつの洗濯

優れもの
布おむつ
（輪おむつ）

※ 雑巾と化す
粗祖のとき大活躍

※ おむつとして使用
オシッコのついたおむつ
四つ折り
日光消毒

※ 洗濯の基本 / 汚れたら洗う 汚れてなかったら洗わない
※ こうすれば洗濯半減！ でもちょっと黄ばむかも
※ そんなときは草木染めするという手もあります

に臭いません。

　それに、洗濯物は、きちんとたたまなくても腐りません。こうして、手抜きをしていました。

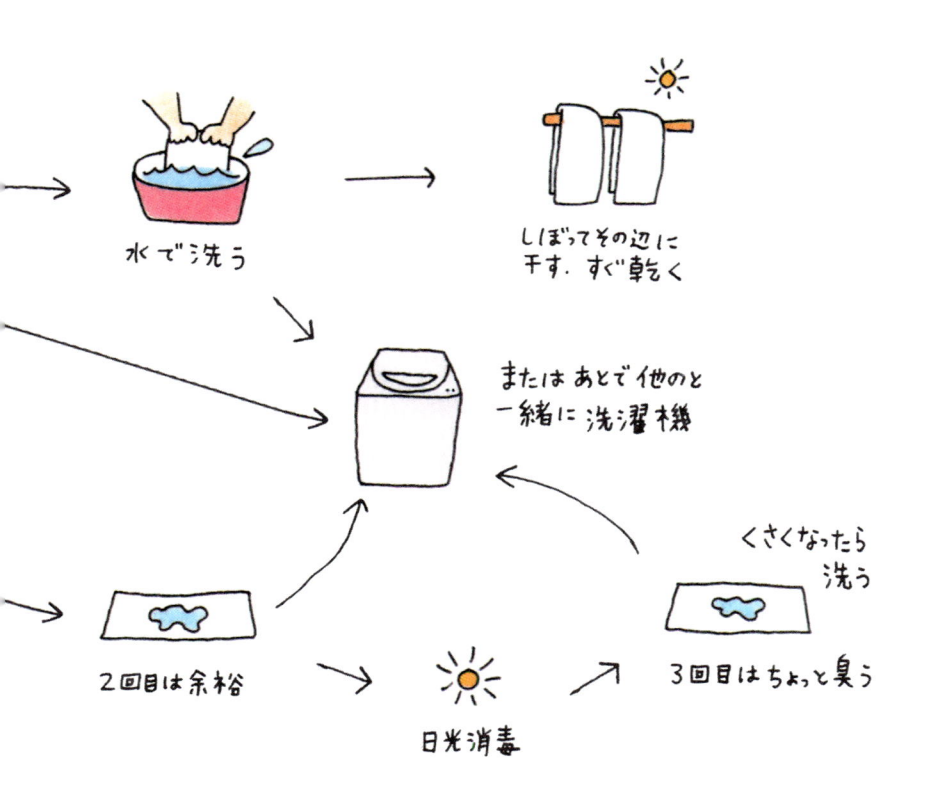

水で洗う → しぼってその辺に干す。すぐ乾く

またはあとで他のと一緒に洗濯機

2回目は余裕 → 日光消毒 → 3回目はちょっと臭う → くさくなったら洗う

紙おむつで息抜きしよう

　何事も無理しすぎないにこしたことはありません。おむつなし育児も、楽しめなくなったら台無しです。紙おむつで息抜きできるなら使いましょう。せっかく紙おむつも安く手に入る先進国に住んでいるので、必要なときに使うと便利です。

　たとえば・・・ママが病気や疲労で何もする気になれないとき。
　　　　　　　赤ちゃんが下痢で、１日10回以上ウンチするとき。
　　　　　　　長距離移動や知人宅などで、すごく心配なとき。

　紙おむつを使っていても、赤ちゃんがそろそろオシッコするかな、というとき、おむつが汚れていなければトイレやおまるにのせてみてください。出るかもしれません。
　おむつに出てしまったとしても、出たら、「あら、オシッコが出たね」など声をかけると、赤ちゃんも「これがオシッコが出たってことか」と確認できることでしょう。
　おむつにしている現場を見つけたり、出てしまったのを見つけたら、声をかけながら、できるだけ、出た直後におむつをはずしてあげたらいいと思います。

紙おむつ体験談

　飛行機で帰省したとき、座席に座ったまま、布おむつにウンチされて困ったことがありました。それ以来、機内では、念のため紙おむつを使うようにしました。でも、その次からは、空港に到着したらトイレでオシッ

コさせて、機内トイレでもさせて、着陸したらトイレに連れて行ってさせていたら、おむつを汚すことはありませんでした。

　紙おむつを一日中つけていても全然汚れないので、何回も使ううちにマジックテープがきかなくなり、ヨレヨレになって汗がついたりします。洗うわけにもいかないので、天日干しにした後、生理用紙ナプキンのように長方形に畳んで、おむつカバーに入れて使ったこともありました。

　おむつなし育児を始めて数ヶ月たったときでさえ、紙おむつを使うと、たちまち「紙おむつだから、いいか〜」となって、赤ちゃんのオシッコを気にするのをやめてしまいます。それに、1回くらいオシッコしたって、もったいないからもうちょっとさせてから換えよう、などと思ってしまいます。そんな自分の変化にびっくり驚きました。

　紙おむつの一番の弊害は、赤ちゃんから意識が遠のき、赤ちゃんをよく見なくなってしまうことでしょう。

おむつなし育児を成功させる秘訣

ゆったりした気持ちで「まぁ、いいか」

　赤ちゃんも人間なので、おまるにしたい日もあれば、したくない日もあります。どうしても床にしたい日々がやってくるかもしれません。

　粗相しても、すかしても、「まあ、いいか〜」と気楽に構えましょう。赤ちゃんなんだから、失敗しても当然と自分にいいきかせましょう。コップの水をこぼしたかのように、さっさと拭いておしまいです。それだけのことです。

　いちいち目くじら立ててたらもちません。育児の道のりは長い。あわてないように、いつも掃除道具は常備しておきましょう。そのうち、一緒に掃除してくれるようになったりもします。

これが2〜4歳のトイレトレーニングと違う点です。大きくなってからだと、しゃべれるので、「いろいろな事ができるのに何でオシッコはちゃんとできないの！」と目を三角にして怒ってしまいます。0歳の赤ちゃんなら、「まだちっちゃいのにおまるでできるなんてすごいねぇ！！」失敗しても、「まだ赤ちゃんだしね」と思えちゃいます。

柔らかい手でさせる

　こすったり、暖めたり。手が柔らかくゆるんでいると、赤ちゃんがオシッコしてくれる率が高くなります。

　ママの柔らかい手からは、ゆったりした気持ちが伝わって、赤ちゃんもリラックスしていられるのでしょうね。手がガチガチに固まっているときは、「オシッコしなさい〜、出ろ出ろ〜」と怖いオーラが赤ちゃんに伝わって、うまい具合にしてくれないこともあります。「怖いオーラ」に要注意！

成功させるためのその他の工夫

生活リズムを整える

　大人と同じで、生活リズムが整うと、排泄リズムも整うようです。
　寝る時間、起きる時間、食事（授乳）の時間、昼寝の時間、外出の時間など、できる範囲でリズムを整えておくと、排泄も感知しやすくなります。

　生後3ヶ月のとき、夏に1週間ほど森林の中で暮らしたことがありました。この間、なるべく電気をつけず、カーテンもしめずに暮らしてみたところ、赤ちゃんの生活リズムが自然のリズムにすっかり一致しました。赤ちゃんは、ほうっておいたら太陽とともに起きて、寝たのです。ふだんの暮らしの中ではなかなかむずかしいこともありますが、それ以来、なるべくお日さまと一緒に暮らすように心がけるようになりました。

同じかけ声でさせる

　「しーしー」「ちっちー」など、いつも同じことを言いながらおまるやトイレでさせると、そのうち、そう言っただけで反射的にしてくれるようになります。少し大きくなれば、自分で言って教えてくれることも！
　歌を歌うのもいいようです。　♪汽車汽車しゅっぽしゅっぽ♪　の替え歌をつくって歌っている人もいました。

おむつなし友だちをつくる

　失敗したことを笑い飛ばしたり、便利なおむつなしグッズなどの情報交換をできる友だちは強い味方！　私はメーリングリストで相談させてもらえたから、なんとかやってこられました。そうじゃなかったら、くじけていたに違いありません。長い「おまる・いやいや期」のときは、本当に心強かったです。

おむつなしサークルに参加する

　もし、近くにおむつなし育児のサークルや教室を開いている人がいたらラッキー！　即座に参加しましょう。ヒントをいっぱいもらえるはずです。最近は全国各地で少しずつおむつなし育児の輪が広がっています。行けるところにおむつなしの会がないときは、自分でつくっちゃいましょう！

ヴァーチャルな関係

　おむつなし育児のイベントや会合などが、どこで開催されているか知りたいときは、インターネットで検索してみましょう。

・mixi（ミクシィ）「おむつなし育児」コミュニティ
　全国に4300人もの参加者がいます（2011年4月）。悩みや工夫などを相談すると、いろいろな人が書き込んでくれます。各地のイベント情報もあります。

・おむつなし育児の通信講座

　「自然育児友の会」では、おむつなし育児の会に行くのがむずかしい人、遠方に住む人などのために通信講座が開かれています。メーリングリストで参加者全員に相談もできるそうです。「自然育児メールサポートクラブ〜おっぱい＆おむつなし育児〜」。おっぱいとおむつなし育児両方のサポートを同時に受けられる講座です。

おむつなし育児の情報を入手する

　ときどき、アースデイやベジタリアンフェスティバルなどでワークショップが開かれます。各地の助産院にも何か情報があるかもしれません。講演会もたまに開かれます。最近では、おむつなし育児に関するブログやホームページも増えています。でも、妊娠中や産前産後、授乳中は、パソコンはそこそこにしてくださいね！

5章

わが家の失敗の数々

粗相の多いのはあなただけじゃありません！　これを読んで、元気を出してくださいね。私にも失敗は山ほどありました。

育児サークルで

　おむつなし育児を始めた当初、まわりに誰もおむつなし育児をしている人がいなかったので、「自然育児友の会」のお茶会や助産院での育児サークルに行くたびに、ホーローおまるを持って行っては実演していました。

　次男が０歳のときで、おむつバンドにさらしおむつ。着物やスカートをはいて性別不詳な姿になっていました。

　私は、おまるでオシッコやウンチさせたりしながら、「おむつなし育児っていいんですよ〜！」と熱弁をふるう。「おむつカバーをしてないとすぐにおむつを換えてあげられるし、赤ちゃんは自分の排泄の意識を保てるからいいんですよ〜」と説明。

　ふと見ると、横で次男がニコニコしながらシャーー……「あぁ〜〜！　さらしおむつの下に水たまりが〜！！」大あわてで即座に水拭き。「あぁ、泡になって消えてなくなってしまいたい！」

親子ヨガ教室で

　私が次男を連れて実家に戻ったときのことです。お世話になった助産師さんが指導する会だったこともあり、おむつなし育児を紹介したいと思い、帰省先でもホーローおまるを持ち歩きました。

　布教、じゃない、普及活動に熱が入る。だっ

て、おむつなし育児ってすばらしい。このときも、おまるを風呂敷に包み、「おむつバンド」にスカート姿の9ヶ月の次男を連れてでかけました。床材がビニールマットだったので、おむつカバーを使わずに輪おむつだけにしていました。

　おむつなし育児がいかに喜びに満ちているか話した後、次男がウンチを大量に排出して、横に漏れ、服も床も汚れてしまう事態が発生！

　しまった、次男は、一日10回ウンチをするアトピー赤ちゃんなのでした。出す物がいっぱいあるんだねぇ…。関心している場合ではない、早く早く、誰にも見られないように、片付けなくっちゃ……！

　ヨガの途中だったので、みんな見ないふりをしてくれたかどうかは不明ですが、身もフタもないとはこのことです。その後、ビニールマットをていねいに拭いて帰宅しました。冷や汗をかきます。

雨の日に着物に子連れでバスに乗る

　なぜ、雨の日に、着物を着ていたのに、1歳と4歳の二人を連れて散歩に出てしまったのだろう。

　子どもたちの要望に応え、バスに乗ることになりました。バスに乗れば雨宿りになるし、友人のところに顔を出しに行くことにしました。次男はおむつバンドと輪おむつに着物姿です。

　混雑するバスの中、次男が明らかにオシッコしたくなった様子。子連れの着物姿は目立ちます。さらにタッパーおまるを出してオシッコさせたら注目されるに違いありません。動物園のゾウやキリンくらい注目されるはず。

　さすがにそこまで勇気がなくて、オシッコしたいのはわかったけど、仕方なく座っていたら、案の定、温かいものがジワ〜ッと太ももにやってき

ました。オシッコが私の着物にまでやってきてしまったのでした。

　ギーを抱っこして濡れたところを隠しながら、次のバス停で下車。一つ早いバス停だったので、いっぱい歩いて帰途についたのでした。「あぁ、泣いても誰も助けてくれない」。
　こんなとき、私は何をしているのだろう、これでいいのか？　と疑いたくなります。

　　教訓：雨の日は着物で子連れでバスに乗らない。
　　　　　公共の交通機関ではおむつカバーも使う。

地面がない！木陰もない！困った困った、どうしよう！
　徒歩やベビーカー、自転車などで移動するときは、いざというとき、すぐにトイレや野原に行くことができます。でもバスや電車に乗ってしまうと、次に停まるまで待たなければなりません。

この日はバスに乗ってお散歩していました。バスから降りると、オシッコしたそうにするので、急いで人目につきにくそうな木陰を探しました。できれば土のところがいい。ところが、地面がない！　木陰もない！　困った困った、どうしよう！

　駐車場があったので、隅っこでさせてもらおう、と思って走ると、「犬や猫に糞便をさせないでください」との看板が。「人間の赤ちゃんはどうだ？！」やっぱりだめだよね……仕方ないので、携帯用タッパーおまるを出して立ちションさせたのでした。赤ちゃんが野ションもできないとは、なんて暮らしにくい世の中なんだろう。犬猫や動物たちもさぞや暮らしにくいんだろうなぁ、と同情してしまいました。

　もう、こうなってくると、人目を避けて林に行くしかありません。自然と「やり手水」させにくい場所から遠ざかるようになり、林の中へと足が向くようになりました。赤ちゃんと暮らしているうちは、排泄や授乳を気兼ねなくできるところにしかもう行きたくない。野原でオシッコさせると、勢いよくほとばしり、それは気持ちよさそうなのです。野ションの喜びを小さいうちに満喫して、放尿の快感を存分に味わってほしいものです。

疲れた。こまめにトイレに連れて行きすぎ〜！

　おむつなし育児の会を開いているうちに、人前で粗相すると恥ずかしいような気持ちにまだなっていたときのことです。育児サークルに行ったとき、次男は頻尿の時期。15分おきにトイレに連れて行っては、オシッコしたり、抵抗されてそのまま帰ってきたり。そんなことをしていたら、疲れてしまいました。それに参加した人たちも落ち着かなかっただろうな、と反省。おまるを持参するか、おむつを使うかすればよかった！

畳に軟便事件

　何度されてもひるんでしまうのが、畳に軟便です。柔らかいウンチは、畳の目に入り込みます。しかもわが家は改築したばかり。真新しい畳は芳香を放っています。当然ながら、ウンチは畳にしてほしくない。
　でも、赤ちゃんはそんなことおかまいなし。

　ある日、畳にしてしまったときのこと。サインなど、まったくわかりませんでした。仕方ないので、ボロ布とクエン酸スプレーを駆使して掃除していると、その横でまたブリブリブリ……。
　「あらららら、出ちゃったね、トイレはこっちだよ」とくじけずせっせとお掃除していると、また廊下でブリブリブリ……。
　「こっちだって言ってんだろう？」と、イライラして巻き舌になってしまいました。胸ぐらつかんで窓から落っことしたくなる衝動にかられる自分をなだめるのに一苦労。あ～、こんなとき、おむつを使えばいいだけのことなのです。

玄関でウンチ

　玄関で、出がけにウンチ。これもけっこうな技ですね。赤ちゃんってどうして出がけにウンチが出るんでしょう。しかもノーパンだったりすると、ウンチが出てしまったとき、怒る気持ちをどこにぶつけていいのかわからなくなることがあります。まぬけで情けなくてトホホで、でも、なんだか笑えてしまう。漫画の一コマのようだけど、本当に困る。こんな失敗は笑いとばすしか他にありません。

6章

それでも
おむつなし育児を
続けるワケ

まわりにおむつなし育児をしている人もなく、こんなふうに手探りで始めたのですが、たいへんなことがあってもやめられない魅力が、おむつなし育児にはあります。

おむつなしの喜び

　赤ちゃんが、起きてシャーッと勢いよくオシッコしたり、排泄のたびにホーッと放心する顔を見せてくれたり、まだ小さいのにウンチをふんばったりする姿。これを見たら、もう一日中、ほかに何もいりません。うれしい気持ちになれるのです。

アトピー赤ちゃんの育児に自信を取り戻す

　そのうち、オシッコしたいのが何となくわかるようになっていって、第六感が働くようになります。子どもに対して直感がするどくなるので、小児科にあまり行かなくなったような気がします。育児書や専門家は、いざというとき頼りになります。でも、以前より、目の前の赤ちゃんや自分の感覚を信じられるようになりました。

　次男は、生後２週間からひどいアレルギーのために浸出液や血液でドロドロの肌になりました。まともなおっぱいすらあげられないのか、とずいぶん悲しいブルーな気分になりがちでした。でも、そんなとき、シャー、ブリブリッと気持ちよさそうに排泄してうれしそうな赤ちゃんを見たら、それだけで「この子は大丈夫！」と思えました。ちゃんとオシッコやウンチを気持ちよくできる立派な赤ちゃん！　と身体の奥底で確信できたのです。

おまけにおむつが早く外れる！

　おむつなし育児の目的は、おむつを早く外すことではありません。トイレトレーニングではないからです。

　でも、結果的に早く外れます。というより、おむつだけなら早く外しているので、粗相もありますが、排泄意識は保たれるので、しだいに赤ちゃんは自分でコントロールできるようになっていきます。歩き出す１歳ころから楽になります。

　また、「排泄の自立」は確実に早いようです。「排泄の自立」とは、自分でズボンやパンツを脱いで排泄し、また自分ではくことです。たいていの子どもは２歳前後には、排泄が自立に向かうようです。ただし、これも個人差のあることですので、正解はありません。言葉や歩くのを始める時期も、一人一人違うように、遅いから悪い、早いからいいということはありません。その子にちょうどよいときがくれば、できるようになります。他の子と比べなくても大丈夫です。

一人でトイレに行ってウンチするぞ

　おむつなし育児で育てられた赤ちゃんは、自分が何をしたいのかきちんとわかり、それをハッキリと意思表示するという特徴があるようです。小さいときから、自分の欲求を大人に理解してもらっているうちに、何をしてほしいのか、その伝え方をすっかり身につけているからでしょう。食べたいのか食べたくないのか、何をして遊びたいのか、まだほとんどおしゃべりできないのに、驚くほど自分の意見を明確に主張してきます。頼もしい！

　でも言い方をかえれば、自己主張が強い。わが家の次男の場合、2歳になると輪をかけて自己主張が全開になりました。

　なんでも自分でやりたがる時期です。この時期をうまく利用したら、排泄の自立につながっていきました。

　その嵐のような時期は、2歳の誕生日のころから始まりました。オシッコやウンチも自分でしたい、しかも個室にこもって一人でしたい。私をトイレからシャットアウトするようになりました。こっそりのぞき見すると、一人、トイレでズボンを脱ごうともがく姿が見られました。

6章 それでもおむつなし育児を続けるワケ

　なんとしても一人で全部しようとするので、補助便座も自分でのせて、フタを開けて便器にのせて、台を使ってよじ登り、オシッコをします。自分でウンチのおしりを拭いたりもします。その後、便器から降りて、水を流してから、ズボンをはこうともがく。片方に両脚を入れて転んだりするのがおかしくて、かわいくて、これまでとはまた違うトイレタイムが展開しています。
　野原でも、セルフ立ちション（自分でズボンを脱いで立ちションすること）するようになりました。

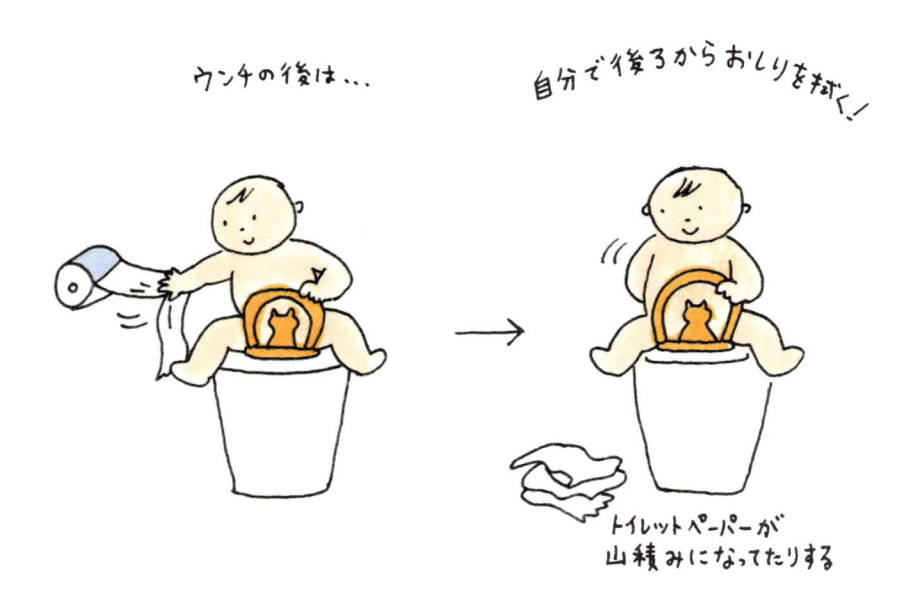

ウンチの後は…

自分で後ろからおしりを拭く！

トイレットペーパーが山積みになってたりする

家族がみんな赤ちゃんの排泄に気を配るようになる

　始めは、私だけが次男を「やり手水」してトイレでオシッコさせていましたが、1歳4ヶ月になると、4歳4ヶ月の上の子がおまるに座らせてオシッコさせてくれるようになりました。「ギーちゃん、ちっちはおまるでするんだよ〜」と誘いながら、上手にさせてくれたりします。子どものほうが動物的な直感がさえていることもあります。頼りになってきて感動しました。

　さらに、粗相にひるんでいた夫も、気づけば庭やトイレでさせてくれるようになっていました。そうして、赤ちゃんのオシッコやウンチが出たとき、必ず誰かの顔がニコニコしているのです！

　おっぱいはあげられないけど、これならできる、といって、喜んで手伝ってくれるだんな様もいるようです。排泄を通して、おしゃべりする前の赤ちゃんと通じ合える喜びをパパも味わえるのですね。

　おじいちゃんやおばあちゃんが近くに住んでいる人は、もっと味方が増えるようです。みんなを巻き込んで育児できたらいいですね。

オブジェのようなウンチ

　おむつなし育児を続けていると、オシッコのほとばしり方や、ウンチまでも美しいと思えてしまうことがあります。

　窓べから差し込む陽光に、ウンチと両脚とおしりのシルエットが浮かびあがるとき、自然がつくり出すものの美しさに驚嘆します。

　あるときは彫刻家のジャコメッティの作品のようなラインを刻んだり、またあるときは同じくフラナガンの不思議なオブジェに見えたりもするのです。

　赤ちゃんは、おしりから自然とアートを生み出す。イソップ童話の金のタマゴを産むニワトリみたいです。おむつなし育児は飽きることがありません。

　それに、男の子なら2歳くらいになると、見事な立ちション姿を見せてくれるようになります。ブリュッセルにある有名な「小便小僧」の像のような立派な姿にほれぼれと見とれてしまいます。

　一人でトイレに行ってするときは、素晴らしい角度に身体をしならせ、ちゃんとこぼれないように配慮している様子がうかがえます。

　「小便小僧」の像は、生まれたときから排泄のお世話をしていた母親が、それまで苦労しただけに、子どもの立ちション姿に感動して像をつくることを立案したものに違いありません。

おむつなし育児で身についた、必要なものはつくるという姿勢

　とくに赤ちゃんの服やおしりまわりのものは、おむつなし育児に便利なものをと思っても、売られていませんでした。仕方がないので自分でつくるしかありませんでした。いろいろとつくっているうちに楽しくなりました。

　赤ちゃんの排泄を考えるうちに自分の身体の使い方にも思いを巡らせるようになり、三砂ちづる先生の影響で、着物を着て暮らすようにもなりました。『きものとからだ』という本を読みました。
　着物を着ていると、自然と針を持つ時間がのびていきます。
　次男の産まれる前は、裁縫の苦手な私でしたが、多少つくれるようになったのもうれしいおまけでした。

思いこみから自分を解放するための一つのツール

　おむつなし育児をしていると、本当に必要なものが見えてくるように思います。今まで絶対に必要だと思っていたものが、実はいらない、とわかったときの快感はなんともいえません。

　まず、おむつがいらない、というのに驚きました。必要なとき以外はいらない、というのは機械的におむつをするものと思っていたので、たいへん新鮮でした。
　また、上の子のときに毎日せっせとしていたベビーマッサージも、おむつなし育児をしていると、しょっちゅう赤ちゃんをいじっているので必要を感じなくなりました。ベビーサインも、排泄のサインを注意して見てい

るうちに自然と理解できていたように思います。

　洗濯もそんなにしなくていいし、服もあまりいらない（？）。いろいろな育児グッズの山から解放されていくのは気持ちのいいことでした。実は、ほかにも、今の暮らしの中にはいらないものがたくさんあるのかもしれませんね。

おむつなし育児から月経血コントロールへ

　おむつなし育児をすると、結果的におむつが早く外れるので、授乳を終えたあとは、育児の第一段階が終わったような気がしました。そんなころ、生理が再開しました。これまで、さんざん赤ちゃんにおむつを外させておいたのに、ママだけおむつするの？！　何だか変よ～、と思い、使うのをやめてみました（ママの場合はナプキン）。

　できるだけ、粗相しないように気をつけて、トイレで月経血を出しきるようにするのです。最初はうまくできませんでしたが、次第に2～3日で終わるようになり、多い日でも何も使わなかったり、布ナプキンを使ったとしても、1枚で足りるようになりました。意識するだけでずいぶん違います。おむつなし育児と一緒です。

　オシッコやウンチと同じで、月経血もずっと出ているわけではありません。股にある布や紙に垂れ流しにするのではなく、自分の身体を積極的に使うのです。ナプキンを使うにしても、それに頼りきってしまわずに、月経血コントロールと合わせて過ごすと汚れも最小限ですみます。

　みなさんも生理が再開したときには、おもしろいので試してみてくださいね。

「おむつなし育児」「月経血コントロール」と新しい名前がつけられていますが、これらはいずれも、人が大昔から続けてきたシンプルなこと。授乳と同じように、人間が生まれながらにもつ身体の機能を使おうとするものです。そうあるように使えば、わたしたちは心身の調和をよりよく保てることでしょう。はてには、年老いた日々のために「おむつなし介護」へとつなげていけたら、最期の日まで、排泄のときも、人間らしく尊厳を保てることでしょう。

あとがき

　ここまでに、おむつカバーやおむつバンド、スカートなど、私のまわりでつくり出されたものを紹介してきました。日々、悩みながらも、ママたちの赤ちゃんを思うパワーは絶大です。いろいろなおむつなしグッズが生まれ、改良されていきました。他のママたちとアイデアを交換し、工夫していくのは楽しい作業でした。これからも、ママたちの手から、もっと便利で快適でおもしろいものがつくり出されていくことでしょう。

　今紹介できるのはこれくらいですが、もっと発展させていろいろつくってみてください。

　おむつなし育児をしていると、いわゆる「育児の常識」にとらわれず、赤ちゃんに本当にいいと思えることをしようとする柔軟な姿勢が養われていくように思います。

　ドタバタと暮らす毎日ですが、あれも使えるかな、これはどうかなと考えるうちに、毎日の暮らしにクリエイティブな要素が入り込んできて、すっかり楽しくなりました。赤ちゃんが先生みたい。いろいろなことを教わりました。この本により、みなさんの育児がもっと楽しいものになりますように。

　おむつなし育児との出会いをつくってくださった三砂ちづる先生に深く感謝いたします。研究チームのみなさんや「おむつなしクラブ」の他の会員のママたちからメーリングリストで励まされなければ、おむつなし育児を続けられなかったと思います。それから、京都で一緒におむつなしをしてくれたママたち。排泄にとどまらず、食事や自然療法や暮らしのことなど、いつも話が広がっていきました。

　また、あゆみ助産院の左古かず子さんには、助産師の立場から助言をいただきました。それに、赤ちゃんのギー（次男）と長男と夫、いつも本当にありがとう。お世話になってばかりです。おむつなし育児を通してかかわってくださった皆さまに感謝申し上げます。

　最後に、この本を出版してくださった柏書房の富澤さまはじめ、編集してくださったスタッフの皆様、すてきなイラストを描いてくださった木下綾乃さんに心からお礼を申し上げます。

2011年4月　京都

参考図書

- アズマカナコ（2009）『布おむつで育ててみよう』文芸社
- ローリー・ブーケ、望月美和 訳（2009）『親子で楽しむ！おむつなし育児〜0歳からできるナチュラル・トイレトレーニング〜』河出書房新社
- アロナ・フランケル、さくまゆみこ 訳（1984）『うんちがぽとん』アリス館（絵本）
- クリスティン・グロスロー、和田知代 訳（2009）『おむつなし育児〜あなたにもできる赤ちゃんとのナチュラル・コミュニケーション〜』柏書房
- 三木成夫（1982）、『内臓のはたらきと子どものこころ』築地書館
- 三砂ちづる 編著（2009）『赤ちゃんにおむつはいらない〜失われた育児技法を求めて〜』勁草書房
- 三砂ちづる（2009）『不完全燃焼、ベビーバギー、そして暴力の萌芽について』毎日新聞社
- 三砂ちづる（2008）『昔の女性はできていた〜忘れられている女性の身体に"在る"力〜』宝島社文庫
- 三砂ちづる（2008）『きものとからだ』バジリコ
- もとしたいづみ、荒井良二 絵（1999）『すっぽんぽんのすけ』鈴木出版（絵本）
- NPO法人自然育児友の会 編著（2009）『ビバ！布おむつ！！〜布おむつから「おむつなし育児」まで全部わかる保存版！〜』会報別冊ナチュラル・マザリング
- 鈴木晴子（2009）『ばるちゃんの"おむつ離れのコツ"ママ　はやくおむつとってよ！』私家版（取り扱いは、「布おむつ・布ナプキンの店　ブルーベア」）（絵本）
- 谷口祐司（1997）『自然育児・裸育児　〜知能・才能が10倍に育つ新育児法〜』文園社

- DVD　おむつなし育児研究チーム制作（2010）『おむつなし育児　家族みんなで！もっと楽しく！』マザリング・マーケット

関連機関・関連サイト

- おむつなし育児研究所
    http://www.omutsunashi.org/index.html
- NPO法人自然育児友の会
    http://shizen-ikuji.org/
- mixi（ミクシィ）「おむつなし育児」コミュニティ
    http://mixi.jp/view_community.pl?id=3890462
- 「ぽんぽこりんのうち」（西山由紀のサイト）
    http://sites.google.com/site/francecithare/

おむつなし育児の会
- 「おむつなしお茶会」（NPO法人自然育児友の会）。東京、国分寺
- 全国でおむつなしの会が拡大中

おむつなしグッズ取扱ショップ（ネットショップ）
- 「おむつなし育児の店　トゥントゥンケ」（「こたん」）
  http://sites.google.com/site/tountounke/home
- 「布ナプキン総合専門店　コトリワークス」（おむつなし育児グッズ）
  http://nunonap.com/
- 「布おむつ、おむつなしのお店　ドリームナッピーズ」
  http://www.dreamnappies.com/howtochoose.html
- 「布おむつ・布ナプキンの店　ブルーベア」
  http://bluebear.ocnk.net/
- 「マザリング・マーケット」（NPO法人自然育児友の会）
  http://mothering.jp/

- 「Continuum-family.com」（カナダのおむつなし育児のサイト。英語）
  http://continuum-family.com/
- 「Ecopitchoun」（boutique HNIを見てね。フランスのおむつなし育児のサイト。フランス語）
  http://www.ecopitchoun.com/

- レンタルおむつ　ニック（大阪の布おむつレンタル会社。集荷エリアは京阪神）
  http://www.nic-ing.co.jp/title.html　Tel申し込み可　06-6334-2981
- 染織こだま（子どもの普段着着物）
  http://someorikodamas.com/
- ディディモス（ドイツ生まれのベビースリング・抱っこひも通販）
  http://www.didymos.jp/
- 荒城おんぶ紐店（一本紐おんぶひも専門店）
  http://onbu.shop-pro.jp/
- 北極しろくま堂（だっことおんぶの専門店）
  http://www.babywearing.jp/

＊掲載情報は2011年4月現在のものです。

西山由紀

新潟大学大学院現代社会文化研究科博士課程修了（仏文学）。
大学非常勤講師を経て、2005年より京都在住。二人の男の子の母。
「おむつなしサロン」「キモノ・デジュネ　月経血コントロール同好会　京都（GCD）」「ぬいぬいカフェ」などを主催。ネットショップ　「おむつなし育児の店トゥントゥンケ」開店中。
おむつなし育児をきっかけに、自分自身の身体についても考えるようになり、次男が11ヶ月のころからなるべく着物で暮らしている。
自然育児友の会会員。
日本フランスシター協会会員。

やってみよう！おむつなし育児(いくじ)

2011年6月15日　第1刷発行

著　　者	西山由紀
発　行　者	富澤凡子
発　行　所	柏書房株式会社
	東京都文京区本駒込1-13-14（〒113-0021）
	電話　03(3497)8251[営業]　03(3497)8254[編集]
装　　丁	中島寛子
イラスト	木下綾乃
編集協力・組版	株式会社水琴社
印　　刷	萩原印刷株式会社
製　　本	株式会社ブックアート

© Yuki Nishiyama 2011, Printed in Japan
ISBN978-4-7601-3992-7

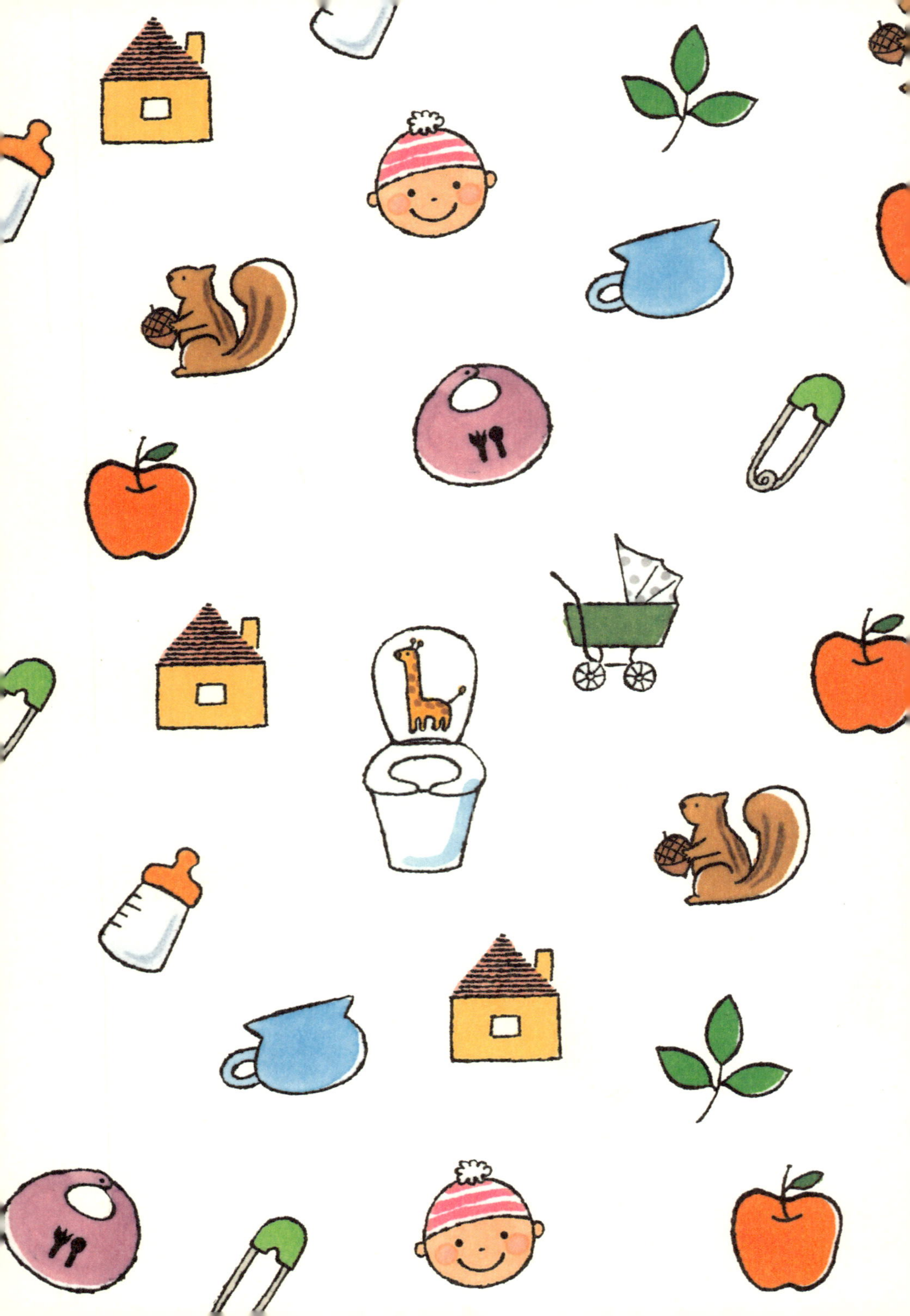